対馬 10
五島 1
平戸 6
平戸新田 1
長崎県
佐賀県
唐津 6
小城 7
佐賀 36
蓮池 5
大村 3
鹿島 2
島原 7
三池 1
福岡県
福岡 47
柳河 12
久留米 21
秋月 5
小倉新田 1
小倉 15
中津 10
日出 2
杵築 3
大分県
森 1
府内 2
臼杵 5
岡 7
佐伯 2
熊本新田 4
熊本 54
熊本県
宇土 3
人吉 2
延岡 7
宮崎県
高鍋 3
佐土原 3
飫肥 5
薩摩 77
鹿児島県
清末 1
長府 5
長州 37
山口県
徳山 4
岩国 6
津和野 4
浜田 6
島根県
広島 43
広島新田 3
広島県
松江 19
広瀬 3
母里 1
鳥取県
福山 11
岡山県
鹿野 3
若桜 2
鳥取 33
松山 5
浅尾 1
足守 3
勝山 2
津山 10
新見 2
岡山新田 2
岡田 1
庭瀬 2
岡山 32
鴨方 3
兵庫県
豊岡 2
出石 3
三草 1
柏原 2
篠山 6
三日月 2
山崎 1
安志 1
姫路 15
三田 4
赤穂 2
龍野 5
林田 1
小野 1
明石 8
京都府
宮津 7
福知山 3
尼崎 4
岸和田 5
伯太 1
狭山 1
丹南 1
大阪府
紀州 56
和歌山県
田辺 4
多度津 1
丸亀 5
高松 12
香川県
今治 4
松山 15
小松 1
西条 3
大洲 6
新谷 1
吉田 3
愛媛県
宇和島 10
高知県
土佐 24
土佐新田 1
徳島県
徳島 26

シリーズ藩物語

長谷川正次……著

高遠藩

現代書館

プロローグ

高遠藩物語

高遠《たかとお》藩は保科《ほしな》氏三十六年、鳥居《とりい》氏五十三年、内藤《ないとう》氏百八十年の歴史を有する譜代小藩であった。

高遠藩といえば、新宿御苑が思い出されるが、その由緒は、家康が江戸西郊に鷹狩りをした際に、乗馬して廻って来た範囲を拝領地として与えるとの一言で、内藤清成と青山幸成が拝領した土地である。内藤清成が拝領した領地はその後何回かの返上によって、最後に残された下屋敷（幕末期は中屋敷）が現在の新宿御苑である。

また、内藤家の下屋敷の北側に元禄年間宿場ができて、内藤家の名をとって「内藤新宿」となったが、これが現在東京副都心として発展した新宿である。

次に藩の特色を幾つかあげてみよう。

藩という公国

江戸時代、日本には千に近い独立公国があった

江戸時代。徳川将軍家の下に、全国に三百諸侯《しょこう》★の大名家があった。ほかに寺領や社領、知行所《ちぎょうしょ》★をもつ旗本領《はたもとりょう》などを加えると数え切れないほどの独立公国があった。そのうち諸侯を何々家《け》家中《かちゅう》と称していた。家中は主君を中心に家臣が忠誠を誓い、強い連帯感で結びついていた。家臣の下には足軽《あしがる》層《そう》★がおり、全体の軍事力の維持と領民の統制をしていたのである。その家中を藩と後世の史家は呼んだ。

江戸時代に何々藩と公称することはまれで、明治以降の使用が多い。それは近代からみた江戸時代の大名の領域や支配機構を総称する歴史用語として使われた。その独立公国たる藩にはそれぞれ個性的な藩風《はんぷう》と自立した政治・経済・文化があった。幕藩体制とは歴史学者伊東多三郎《いとうたさぶろう》★氏の視点だが、まさに将軍家の諸侯の統制と各藩の地方分権が巧く組み合わされていた、連邦でもない奇妙な封建的国家体制であった。

今日に生き続ける藩意識

明治維新から百三十年以上経っているのに、今

①享保《きょうほ》十一年(一七二六)に「軍役・持人の制」を定めて、家中藩士に武器・武具の所持を第一義とし衣食や居宅などの取り繕いに費用をかけるために武芸の稽古に身が入らないのだとして、身分相応に武器・武具を所持して武芸稽古に心懸けるならば、本人・妻子ともども衣類・器具などが見苦しくともそれは恥にならないとして、以後幕末まで藩はこの筋を通させている。

②寛保《かんぽう》二年(一七四二)に藩主頼由は家中に「法度《はっと》」★を下し、これを背景に老臣も「仰書《おおせがき》」★を発布したが、この家中法度・仰書を以後歴代藩主が施政方針の中で継承して、家臣に遵守させている。

③内藤氏の時代は政治・経済・文化面において家中藩士の活躍が著しい藩であった。

④経済力を増すための新田開発はほとんどなく、領民も藩より種々の御用や労苦をかけられながらも、百姓一揆など起こさず藩のために尽力を果たしているのも、特色ある歴史的事実として把握される。

よって、高遠藩は、非常に藩財政の苦しい大名であったことが巷間に「ぼろは内藤下り藤」と皮肉られたほど貧困な藩としても知られている。

でも日本人に藩意識があるのはなぜだろうか。明治四年(一八七一)七月、明治新政府は廃藩置県《はいはんちけん》★を断行した。県を置いて、支配機構を変革し、今までの藩意識を改めようとしたのである。ところが、今でも、「あの人は薩摩藩の出身だ」とか、「我らは会津藩の出身だ」と言う。それは侍出身だけでなく、藩領出身も指しており、藩意識が県民意識をうわまわっているところさえある。むしろ、今でも藩対抗の意識が地方の歴史文化を動かしている。そう考えると、江戸時代に育まれた藩民意識が現代人にどのような影響を与え続けているのかを考える必要があるだろう。それは地方に住む人々の運命共同体としての藩の理性が今でも生きている証拠ではないかと思う。

藩の理性は、藩風とか、藩是《はんぜ》とか、ひいては藩主の家風ともいうべき家訓などで表されていた。

(稲川明雄)

諸侯▼江戸時代の大名。
知行所▼江戸時代の旗本が知行として与えられた土地。
足軽層▼足軽・中間・小者など。
伊東多三郎▼近世藩政史研究家。東京大学史料編纂所所長。
廃藩置県▼藩体制を解体する明治政府の政治改革。廃藩により全国は三府三〇二県となった。同年末には統廃合により三府七二県となった。

▼法度＝法律のこと。▼仰書＝藩の命を受けて書かれた文書。

シリーズ藩物語

高遠藩

目次

第三章　城下町の発展と町政

自然を利用した町づくり、町方も町民融和に活躍。

第一章 高遠藩の成立

武田氏支配の戦国から徳川譜代の内藤氏の世が始まった。

①藩体制成立前史

武田信玄は先鋒衆として保科氏をはじめとする在地土豪を動かすも、高遠城の戦いで最後の拠点を失う。

家康の異父妹を嫁とした正直の活躍で家康は南信の地を確保する。

家康を関東に移した秀吉は南信に勢力をひろげる。

武田氏の伊那支配

武田《たけだ》信虎《のぶとら》が最初に視野に入れたのは隣国信濃であった。それは甲斐国内の連年にわたる凶作・飢饉、武田氏の内部対立、軍事力の強化による領民の疲弊などが、農業国である信濃に目を向けさせる要因となっていった。

武田氏と信濃国内の土豪との確執が始まったのは寛正《かんしょう》五年（一四六四）といわれ、大永《だいえい》六年（一五二六）信虎が上洛した際一時和睦がなったが、享禄《きょうろく》元年（一五二八）再度両国の対立が起こり、その後は信濃の土豪たちは伊那の土豪諏訪《すわ》氏に従い、天文《てんぶん》元年（一五三二）以降信虎や子信玄との永い対立が始まった。同十一年信玄は高遠《たかとお》・矢島《やじま》・金刺《かねさし》氏と一味同心★して諏訪氏を打倒し、諏訪は武田氏と高遠氏に分割所有された。

▼一味同心
同じ心になって味方すること。

武田家が出した印判状

しかし、高遠氏はしばしば諏訪攻めを行って武田氏に敗れ、高遠氏領有の諏訪西半分も信玄の勢力範囲となった。その後も信玄と高遠氏は対立したが、同十四年四月高遠氏は信玄に降伏し、高遠城は信玄のものとなった。高遠氏の代官であった保科《ほしな》氏は信玄の臣下に入り、のち武田先鋒衆の一人として北信地域★の戦いに参陣して、ようやくその忠誠を認められたという。

信玄の下伊那《しもいな》攻めにも保科氏は参陣を求められ、信玄の西上作戦にあたっては元亀《げんき》三年(一五七二)高遠城の守将保科正俊《まさとし》に二八カ条の「印判状★」を与えて守衛させているが、その後も保科氏は武田信玄・勝頼父子の臣下として活動している。

▼**北信地域**
長野県北部。

▼**印判状**
花押の代わりに印章を押した武家の約束の文書。

高遠城の戦い

織田信長が信濃攻めを決意したのは、天正二年(一五七四)二月の時点といわれているが戦機熟せず、また諸事の理由によって時宜を得られず延期され、同十年正月木曾の木曾義昌《きそよしまさ》が武田勝頼《かつより》に背反し、信長に服属したことを契機に信濃攻めを開始した。同年二月信長は岩村口・木曾口・駿河口より軍を派兵した。

この時、保科正直《まさなお》・正光《まさみつ》父子は飯田を守城したが、岩村口から進攻した信長の長男信忠《のぶただ》を将とする織田軍は飯田をはじめ、下伊那の各城主をしりぞけて伊那谷

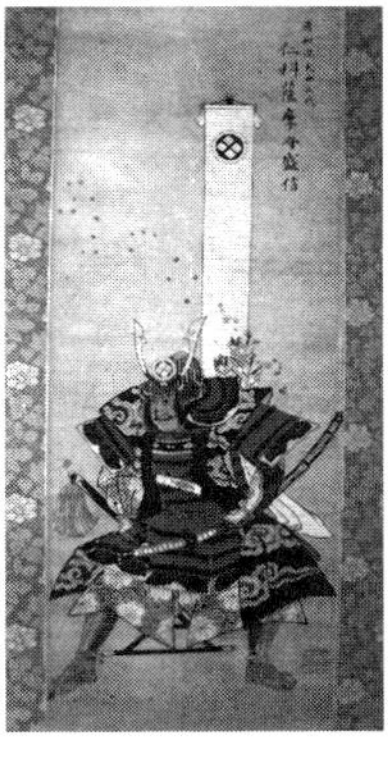

仁科盛信

を北上した。南信地域の武田軍は総退却して、高遠城一城を残すのみとなった。

信忠は籠城の仁科盛信《にしなもりのぶ》にあてて降服の書状を送ったが、高遠籠城衆は「勝頼方への武恩」のためと称する内容の返書を送った。信長は信忠を通じて高遠城総攻撃を指示し、織田軍は三月二日早暁より孤立する高遠城を攻めたてた。籠城衆の激しい抵抗もむなしく一日で落城して城主盛信は自刃し、配下の兵五百人余も多く討死したが、織田軍も三百人余の死者を出した。この高遠城の戦いで武田氏は最後の防衛拠点を失ったのである。

徳川家康と保科氏

天正十年(一五八二)六月の本能寺の変後に、家康はいち早く甲斐・信濃の経営を開始すると共に、酒井忠次《ただつぐ》をして諏訪の支配を強固にした。

高遠氏の代官保科氏は上野《こうずけ》箕輪《みのわ》の内藤昌月《しょうげつ》の援助のもとに旧領高遠を奪回し、在地小領主との間に主従関係を持つことによる自己勢力の強化政策をとった。樋口・平出・辰野氏ら伊那北部の小領主を支配下に入れた保科正直は同年十月に至ってようやく家康との間

保科正直肖像

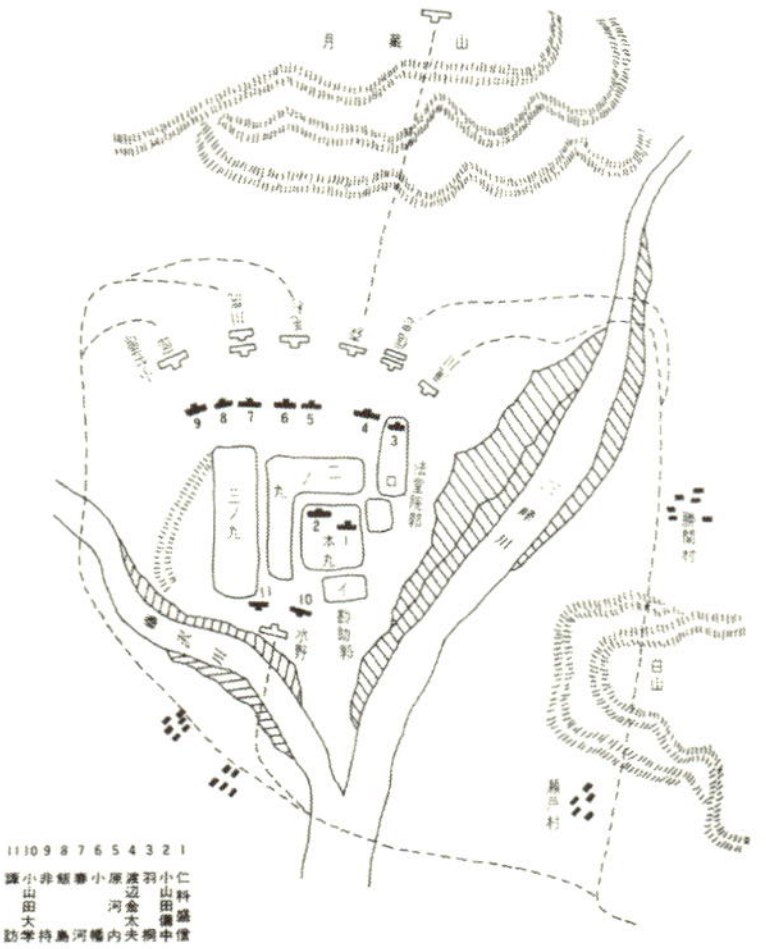

高遠城における織田、武田両軍の戦闘配置図

に主従関係を持ち服従した。この時、正直は伊那郡の半分二万五千石相当の地をあてがわれている。家康の麾下に属した正直は家康への忠節を示すため伊那箕輪《いなみのわ》の藤沢頼親《ふじさわよりちか》を降したが、家康は正直を賞し、家臣井伊直政《いいなおまさ》を通じて正直の家臣への本領安堵を行っている。

小牧・長久手における家康と秀吉の対立は南信にも影響を与え、秀吉の勢力が木曾方面に進出したのを機に家康は木曾攻めを開始し、松本の小笠原貞慶《おがさわらさだよし》の木曾攻めと共に家康も家臣や保科正直・諏訪頼忠らを木曾に派遣した。家康軍の木曾攻めは充分な成果をあげ得ず、秀吉軍の来攻に備えて家康は正直を殿勢《しんがりぜい》として残し、その間に信濃に引き上げた。

家康が北条氏との和睦の印として上野沼田の地を北条氏に与えたことから真田氏は家康と対立し、天正十三年に家康は上田攻めを行い、正直も信濃諸士と共に参戦したがこれまた充分な成果を得ずに引き上げた。同十三年十一月家康の重臣石川数正《かずまさ》の裏切りを契機に松本の小笠原貞慶は秀吉への忠誠心を示すために、高遠郊外の六道ヶ原に陣して高遠攻めを行うも、正直の父正俊の巧みな戦術で小笠原軍は鉾持除《ほこじよけ》の戦いで大打撃を受けた。家康は正直を賞して感謝状と一刀を授けている。

正直は天正十二年七月家康の異父妹久松氏と縁を結び、これを背景に信濃で勢

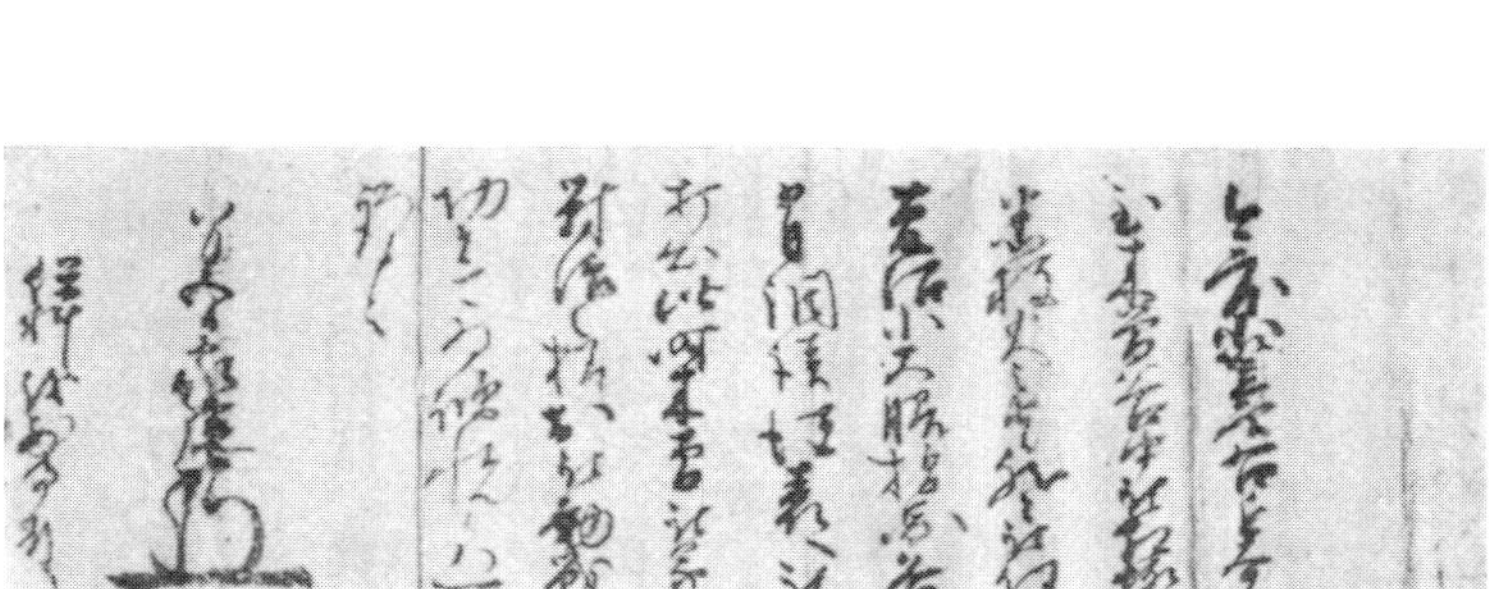
保科正直宛徳川家康書状

力を伸長したが、同十八年秀吉の小田原攻めに参加した家康の後備えの一人として参陣し、さらに家康が関東に領地替えした時に正直・正光は随従して下総国多《た》胡《こ》に一万石を与えられた。

豊臣秀吉時代の伊那

家康が信濃を含む東海五カ国から関東に移ったあと、伊那には十万石で毛利秀《ひで》頼《より》が入封し、高遠には城代の勝斎《かっさい》（姓名不詳）が配置された。

秀吉は天正十八年八月、三カ条からなる「条々」を発布して統治方針を示すと共に、南信地域に検地（太閤検地）を実施した。毛利秀頼は伊那支配を飯田城代の篠治秀政《しのじひでまさ》や勝斎にまかせ、秀吉の天下統一に従っていた。朝鮮出兵中に秀吉が病死したあとの文禄二年（一五九三）、秀頼の妹婿京極高知《たかとも》が伊那の新領主となった。高知の在任中は岩崎重次が高遠城代となったが、治政についてはほとんど不明である。

慶長五年（一六〇〇）高知が丹後宮津に転封され、岩崎重次も本国甲斐に帰国している。

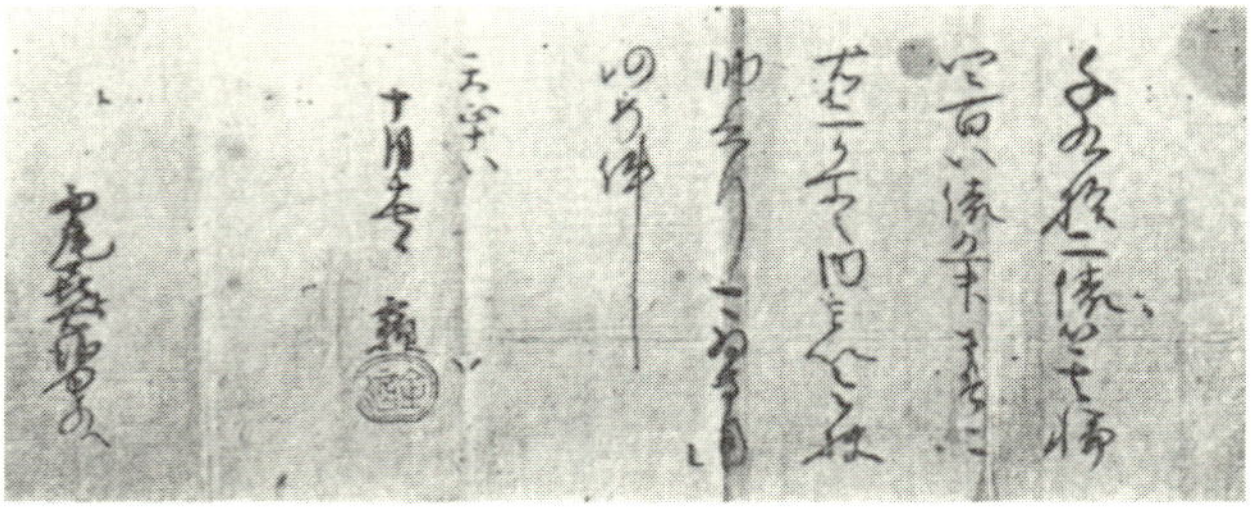

毛利秀頼書状

② 保科氏時代

関ヶ原の勝利よりも領内政治に全力をそそいだ保科氏。
正光・正貞兄弟は大坂の陣に参加するも、多くの家臣を失う。
将軍徳川家光は保科家の養子となった正之を僧の一言で新天地に走らす。

藩の成立

家康に従って天正十八年（一五九〇）諸士と共に関東に去った保科氏は、慶長五年（一六〇〇）十一月正直のあと当主となった正光が二万五千石で高遠に復帰して、近世大名として高遠藩を成立させた。信濃は全域にわたって譜代大名の配置をみることはなかったが、家康の旧領五カ国時代の勢力範囲をそのまま踏襲して、伊那には譜代大名となった保科氏が配置された。下総多胡時代に当主となった正光は信濃に復帰すると、直ちに老臣を通じて領内政治の遂行に専念している。

自身は関ヶ原の戦いに際しては遠江国《とおとうみのくに》浜松を守衛し、戦後は越前国北の庄の城番として約二カ月ほど滞在し、同国法興寺の寺規を定めるなどの政策を行う一方、松沢喜右衛門など老臣に、領内貢租の収納方法や青柳金山の領有、小野八乙《やおと》

正光の信仰厚かった夕顔観音

女郷《めごう》の地境紛争、飼鷹、樹林寺の観音堂建立など諸種の問題に各々指示を与えている。特に、黒河内長三にあてた書状は正光不在中の領国支配の方策を最もよく伝えたものとされている。関ヶ原の戦いにおける家康の勝利よりも、自身の領国支配をいかにするかが正光にとっては重要な問題であった。

幕府への奉仕と大坂の陣

慶長八年（一六〇三）二月森忠政の川中島領を預かり、松代・飯山など五城の城番を担当し、同十一年に江戸城の石垣修理、同十六年に同城堀普請を行い、同十年と元和三年（一六一七）の秀忠上洛、元和九年と寛永三年（一六二六）の秀忠と家光の上洛にそれぞれ供奉《ぐぶ》し、また元和三年の秀忠日光社参にも供奉した。寛永三年には上洛後二度にわたって天皇と中宮の二条城行幸・行啓の迎接役を勤仕する栄誉を得た。

かの有名な大坂の陣にあたっても活躍を示したが、冬の陣では家康の住吉東方陣の一翼を形成して淀城を堅守し、佐竹義宣《さたけよしのぶ》★の後備えとして青屋口の今福砦に在陣した。夏の陣に際しては幕臣榊原康勝《さかきばらやすかつ》の御先手三番組に属し、五月七日秀忠が岡山に布陣した時、その左軍に参陣した。ついで河内国須原村に出陣し、また

▼佐竹義宣
織田・豊臣期、江戸初期の武将。関ヶ原役後、慶長七年（一六〇二）に出羽秋田二十万石の領主となる。

天王寺表の激戦にあたり、大坂方の首級一四を得たが、味方の家臣を数多く戦死させている。

弟の正貞も同様に天王寺表における戦いで奮戦し手柄をたてる反面、身に槍傷三カ所、鉄砲傷一カ所をうけた。その後正貞は秀忠に戦場の模様をつぶさに言上したので、秀忠は祖父正俊、父正直も勇名をはせたが、汝も大坂にて名をなし、その武功を継いだのは天晴れであると賞している。

しかし、正光・正貞兄弟の華々しい戦功の裏では、両者の仲は悪く、正貞はのちに高遠を去っている。

保科正光の置文

幕府へのこのような奉仕や活躍があっても正光は子のなきことを憂い、妹婿の小日向《おびなた》源太左衛門《げんたざえもん》の子左源太《さげんた》を養子に迎えたのであるが、元和三年十一月老中土井利勝《どいとしかつ》★の保護によって幸松丸《こうまつまる》（のちの正之《まさゆき》）の養育を依頼された。

保科家家系図

保科正直┬正光═正之─正経─松平正容
　　　　└正貞（飯野藩★）

佐源太の墓

▼土井利勝
慶長十五年（一六一〇）佐倉藩主、寛永十年（一六三三）古河藩主、十六万石を得る。

▼継嗣
あとつぎ。

▼飯野藩
上総《かずさ》国（現在の千葉県中央部）にあった。慶安元年（一六四八）に正貞が拝領した時は一万七千石。

これを機に正光は将来両者間に継嗣《けいし》★問題が起こるのを避けるために「置文《おきぶみ》」（遺言状）を作成している。その「置文」をみると、(1)保科家の正式の後継者として幸松丸を定め、(2)領内への仕置は、正光の在世の時代と変わらぬようにさせる、(3)幸松丸に加増ある場合は、左源太にも相応の加増をさせよ、(4)左源太に如何様の不届きがあっても、正光に免じて許すこと、(5)左源太には自分の死後五年間は、榑木《くれき》★高《だか》の五分の一の金子を与えること、(6)弟正貞とは義絶《ぎぜつ》★すること、を書き連ね、城代の保科民部には特に、自身が在世中に幸松丸に父子対面をさせてやりたいが、老衰がひどく余命いくばくもない昨今であるから、その方（保科民部）に幸松丸の御守役を申し付けると伝えている。

これは幸松丸の将来の立身に夢を託し、左源太の身上にも思いをはせているが、二者択一をせまられた正光の苦悩を物語るものといえよう。

だだをこねた幸松丸

保科正之は幼名を幸松丸といい、母はお静の方（浄光院尼《じょうこういんに》）と称し、江戸城大奥で生活し秀忠の寵愛《ちょうあい》をうけて懐妊したが、正室浅井氏（淀君の妹、信長の姪）の嫉みをさけて、お静の姉婿《あねむこ》にあたる神田白銀《しろがね》町の竹村助兵衛方で密かに出

▼榑木
材木を薄く板にしたもの。

▼義絶
親子・兄弟などの親族の縁を絶つこと。

保科正之肖像

産した。幸松丸三歳の時に幸松丸母子は江戸の北大牧村に居住していた武田信玄の娘見性院尼《けんしょういんに》のもとで養育されることになった。この関係から老中の土井利勝・井上正就《まさなり》を通じて秀忠の了承を得て、武田氏と関係の深い保科氏の養子となったのである。

『千登勢《ちとせ》の松』★によれば、幸松丸が高遠入りする前夜に藤沢街道の御堂垣外《みどうがいと》宿に宿泊した際、高遠には正光の養子として左源太という人物がいるとお供の女性たちが茶飲み話をしていたのを耳にした幸松丸は、母のお静の方に向かい「肥州（保科正光）の所には左源太という子がいるという。そのような所にはいかぬ」と腹をたててだだをこねたという。母と女性たちは種々説得し、高遠に人を遣わして正光には子はいないことを聞き届けて納得させ、高遠入りをしたという。

幸松丸は高遠城内三の丸に新居を建てて母と共に生活し、正光の家臣が守役として付き添い常に相手をし、正光自身も在城の時は日に五～六度は幸松丸に伺候《しこう》してご機嫌を伺ったといわれる。ここに前述のような「置文」を残さなければならない必要性があったのである。

その養子左源太は正光が「置文」を残した七年後に死去し、城下満光寺の墓地内の片隅に墓が設けられ、高野山成慶院の保科家過去帳にも左源太の名が記されている。

▼『千登勢の松』
大河原臣教によって文政十一年（一八二八）に書かれた保科正之の事跡を記した書。

正之の母お静の供養塔

見性院の墓

僧の一言で正之は大大名に

保科家の養子となった幸松丸は見性院尼の願いで、元和五年(一六一九)に江戸に出府して寛永六年(一六二九)六月兄家光との対面が実現した。同八年十月養父正光の死によって十一月正式に高遠領三万石(幸松丸の養育を引き受けた際に、養育料として五千石加増された)を継承し、従五位下肥後守となっている。

寛永十三年七月、正之《まさゆき》は出羽国山形領二十万石に栄転したが、その理由について『徳川実紀』★では、次のように伝えている。

家光が目黒辺に鷹狩りをした際に、四、五人の供を連れて成就院《じょうじゅいん》という寺で休憩した。この時家光は身分を隠して将軍のお供の者であるといって僧と物語をしている最中に、壁に菊の絵が掛けてあるのを見て「いと拙《つたな》からぬを御覧じ、かかる片田舎には珍しき殿堂の結構さよ、いかなる檀越《だんおつ》★のあるか」と質問したところ、寺僧は「保科正之殿と申す御母堂様が常に祈禱の事頼み給へども、禄少なければ布施もゆたかならず」といい、方々は将軍家に仕える人々ならば、このようなことを申すのはどうかと思うが、「肥後守殿はまさしく今の

▼『徳川実紀』
江戸幕府編纂の歴史書。家康から十代家治までの将軍の治績を編年史に編纂したもの。十一代家斉以降は『続徳川実紀』に収められている。

▼檀越
布施をする人。

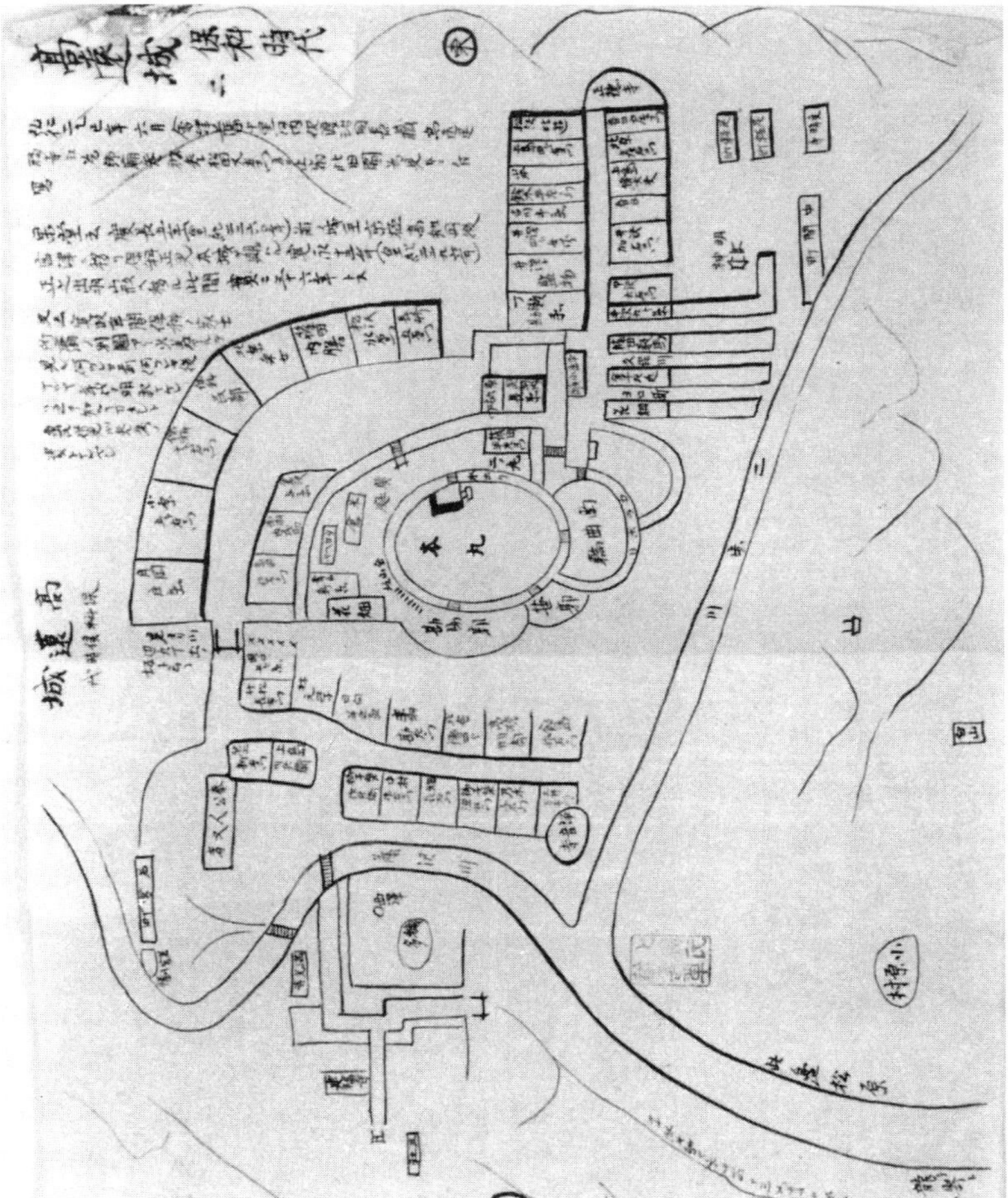

保科氏時代の高遠城図

将軍家の御弟と承るに、何とて貧しくはおはするぞ、よき人は兄弟のむつびもうとく、情なき者なり」といった。家光は少々顔色をかえて立ち去った。そのあと大勢のお供が成就院に来て「上様はどこへ行かれたか」というので、寺僧は上様のことは知らない、今までここに四、五人休んでいかれたと答えると、「それこそ上様である」とお供は答えた。寺僧は驚いて「はしたないことを申し上げた。どのような罪になるだろう」と一カ月ほどは謹慎していたが、まもなく正之は高遠三万石から出羽山形領二十万石の大守となり、成就院には咎めなく、かえって寺領を寄進された。

この点について、新井白石の『藩翰譜《はんかんふ》』★によれば、「当代には御鷹にことよせ給ひ、いやしき者のうわさ、なげきの事など、あまねくしろしめし、御恵みありし事さまざまたりしとぞ」とあり、将軍たる家光の善政の一齣《ひとこま》であると記している。

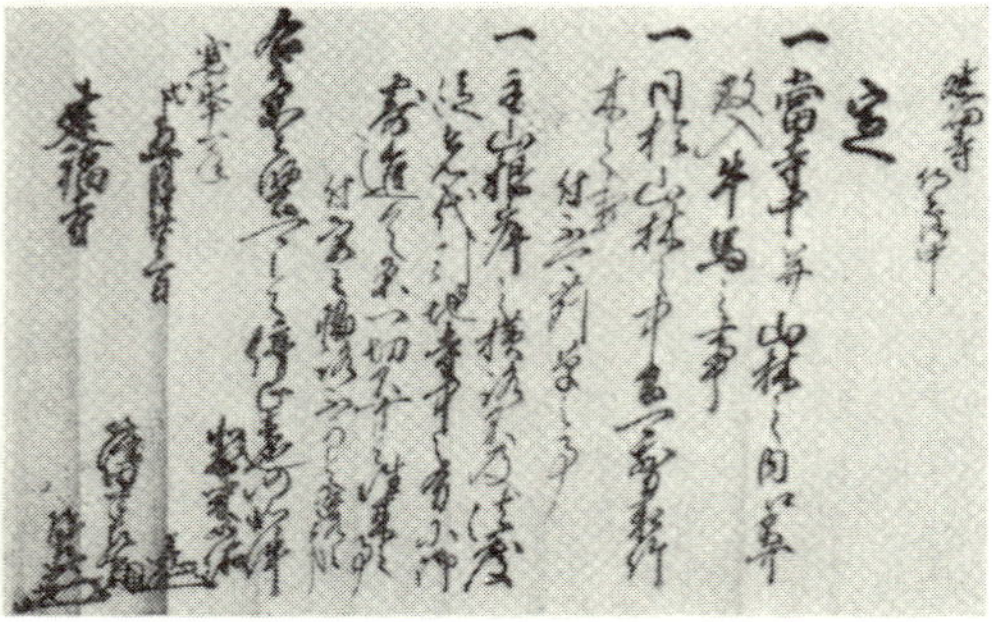

正之の家老が出した建福寺定書

▼『藩翰譜』
新井白石の書で江戸初期の大名三三七家の系譜、家伝を集めたもの。

③ 鳥居氏時代

末期養子の禁令によって先祖の功を一気に欠いて高遠に移る。
領内では苛政を展開し、領民の苦しみをよそに美女の膝を枕にした藩主。
家臣に襲撃され、また幕臣の家を窺う家臣により哀れな最後となる藩主たち。

末期養子の禁令にふれた鳥居家

寛永十三年(一六三六)七月保科正之が山形に栄転したあと、山形からは鳥居《とりい》忠《ただ》春《はる》が三万二百石で交代する形で高遠に入部した。

鳥居氏が山形から高遠に移動した契機として『徳川実紀』には次のように記されている。

鳥居忠恒《ただつね》は父の遺領二十四万石を継承したが病気がちでしかも子がおらず、三十三歳で病死するが、公の勤めもせず、病に臨み後の事も考慮しなかったとして領地を没収された。すなわち、末期養子《まつご》の禁令★にふれたのである。このことについて『徳川実紀』は、さらに説話をあげている。

▼末期養子の禁令
武家の当主が重病危篤になって急に願い出た養子。初期には幕府は認めなかったために、断絶や改易となる大名が多く、ために浪人が出て社会不安の要因となった。慶安四年(一六五一)の由井正雪の乱を機に末期養子を認めている。

忠恒には子がなく、弟の忠春を相続させようと考え、実母のいない忠恒は忠春の母に実母のように孝養を尽くしたが、忠春の母はきわめて心の狭い身勝手な性格で、忠恒が早く子の忠春に相続させないことをうらんで、天徳寺に走りこんで訴えようとした。これを聞いた忠恒は、忠春の母を種々慰めて連れ帰った。このの ち弟忠春の母を快く思わず、忠春を相続させることを嫌い、そのまま病死した。この時将軍家光は鳥居家の累世の功を思し召して忠春に封をつがせようとしたが、井伊直《なお》孝《たか》★は幕府の法に背いて公をないがしろにするものである、このような人間を罰しなければ、今後何を以て天下の法をただしていけようかといった。

また『徳川実紀』は他説として井伊と鳥居両家の不和説をあげている。

直孝が兄、兵部少輔《ひょうぶしょうゆう》直勝が妻は故左京亮《さきょうのすけ》忠政《ただまさ》が女なりしが、直勝天性おろかなる人にて、その妻にたはむれて顔に疵付けしを、父忠政憤り、彼妻をうばひかへしたるにより、井伊・鳥居が家この年頃不快なりしかば、事によせて直孝その旧怨にむくひたるなり。

鳥居家家系図

鳥居忠恒《ただつね》（山形）――忠春《ただはる》（高遠）――忠則《ただのり》――忠英《ただてる》（能登）

▼**井伊直孝**
彦根藩主、老臣として将軍家光や家綱を補佐した。

鳥居家家紋

要するに、鳥居家は「末期養子の禁令」によって領地没収となったのである。

鳥居家を救った先祖の功

鳥居家は領地没収とはなったが、幕府は鳥居家の元忠《もとただ》以来の勲功を認めて、三男忠春を三万二百石で保科正之のあとに山形から高遠に転封させたのである。

先祖の功とはいかなるものか。家康が今川義元《よしもと》の人質時代であった弘治《こうじ》二年(一五五六)家康が一時岡崎に里帰りしたことがあった。この時八十歳であった鳥居忠吉《ただよし》は義元の命で岡崎で賦税《ふぜい》のことを担当していた。忠吉はその仕事の合間に今川氏の目をかすめつつ、粮米《ろうまい》★や金銭を蔵中に密かに貯えたのを家康に見せ、「今よりのち、我が者（家康）良士をあまた召し抱へたまい、近国へ御手をかけたまわんため、かく軍粮を備え置き候」といった。この時家康は涙を流し、その志を感じ、家臣のためにも将来独立して立身することを誓ったという。

忠吉の子元忠も家康に従い、元亀元年(一五七〇)の姉川の戦い、同三年の三方《みかた》ケ《が》原《はら》の戦い、天正三年(一五七五)の長篠の戦い、同九年の高天神城攻め、同十年の甲斐黒駒の戦い、同十三年の上田の真田攻め、同十八年の小田原攻めなど、各

▼粮米
食糧の米。

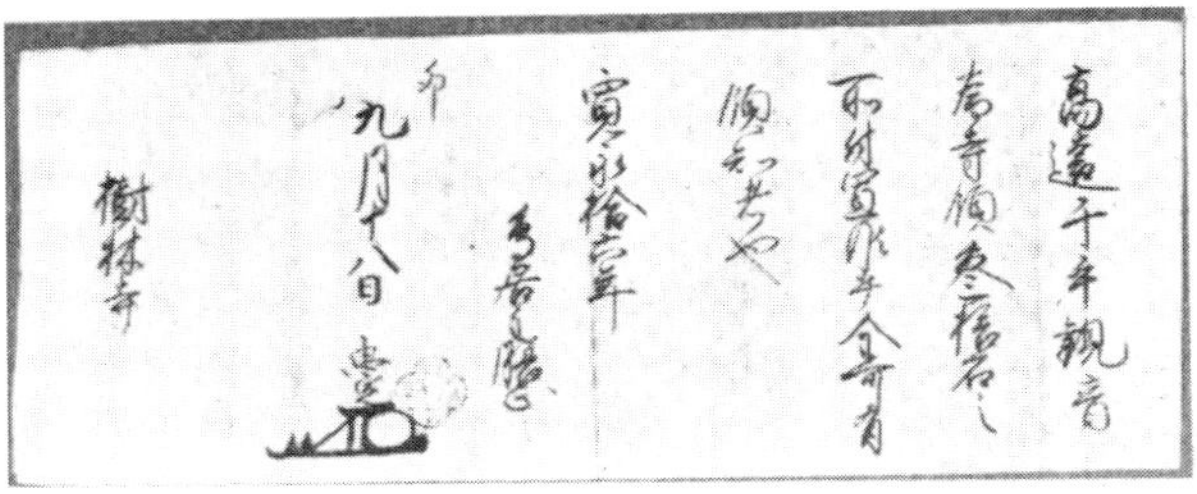

鳥居忠定（忠春）寄進状

表1　元禄元年高遠鳥居藩の職制名と家臣数

職制名	人数	職制名	人数
家老	3	御先手物頭	6
郡奉行	4	町奉行	1
徒士頭	1	大目付	3
代官	6	下目付	8
御普請奉行	1	兵具奉行	2
大納戸役	2	山川奉行	3
医師	6	御広間小番	11
御金払役	3	祐筆	5
台所頭	1	小納戸役	8
御側詰	4	御供番	13
御蔵守	4	御馬預	3
御髪番	2	御茶道頭	3
御相手	3	坊主	10
御子様御付	6	若殿様御付	2
之丸様御付	1	材木改	2
御広間帳付	2	御料理人	7
平勘定	4	馬医	1
御預衆付	2	御菓子師	1
塗師	1	勘定所守	1
宰領之者	8	大工足軽	1
水主頭	1	普請足軽	27
杖突	7	中間小頭	2
手廻	21	馬屋	26
江戸詰御留守番	2	知行頭取	39
江戸詰奏者番	2	近習	15
江戸詰御使番	4	無足	14
江戸詰吟味役	1	手代	6
江戸詰目付	1	徒士	37
江戸詰下目付	2	中間	229
江戸詰大納戸	1	足軽	150

地で華々しい手柄をたてている。

慶長五年(一六〇〇)六月十六日、家康は大坂との一戦を前に軍議を定め、その夜は伏見城に宿泊した。この時守将の鳥居元忠と酒を汲みかわし、我には手勢不足のため当城に残しうる人数は三千ばかりにて汝に苦労をかけるなといった時に、元忠は「そうは思わぬ、天下の無事のためならば自分と松平近正《ちかまさ》★両人で事たりる。将来殿が天下をとるには一人でも多くの臣が必要である。もし、変事があって大坂方の大軍が攻囲した時は城に火をかけ討死するほかはないから、人数を多くこの城に残すのは無駄であるため、一人でも多くの臣を城から連れて出てほしい」

▼松平近正
天正十八年(一五九〇)、家康に従い関東に移り、御家人に列する。慶長五年(一六〇〇)、伏見城にて小早川秀秋軍としばしば戦う。

図１　高遠鳥居藩の職制機構

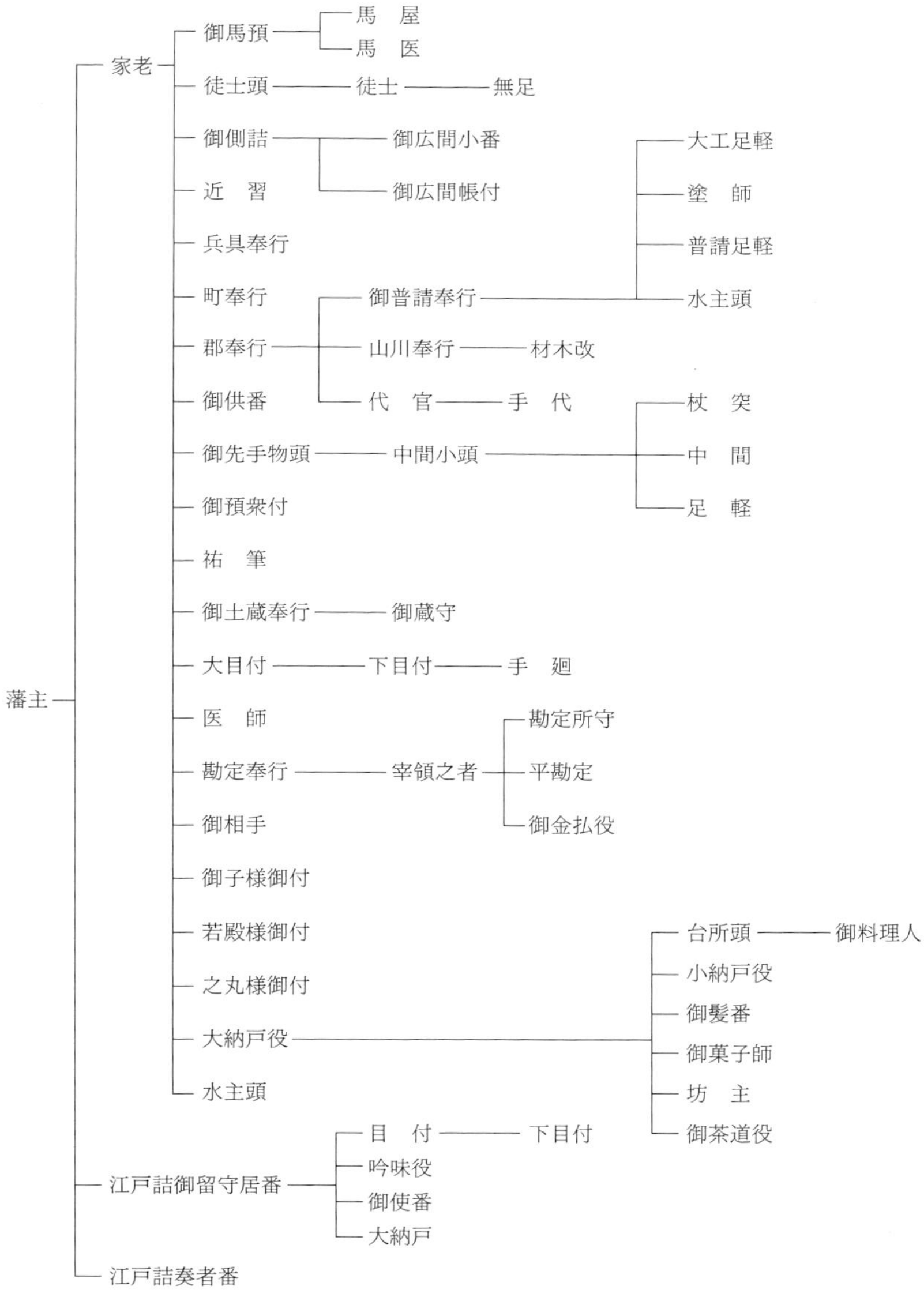

と答えた。しかし、家康は「その言葉だけを嬉しくいただいておこう。少しでも命をながらえよ」と、深夜まで酒を汲んで別れたといわれる。

のち、石田三成方の大軍が伏見城を攻め、元忠は奮戦して見事に討死した。この時の血染めの床板は、現在京都養源院の天井板として残されている。

承応三年の百姓逃散

尾張領木曾の代官が幕府に急報した。

その報告は、高遠藩鳥居忠春領分の百姓が藩の苛政に苦しみ、尾張徳川家領の木曾の地に三千人余りが逃れてきたというものであった。この事実は簡単に見逃すことのできない重要な問題であった。

その理由は何か。鳥居忠春が高遠領に転封となった時、旧山形領は二十四万石であったが、今度は三万二百石となっている。父祖以来の華々しい過去の勲功は兄忠恒の死去によって大きく落ちこんだ。そのため忠春は父祖以来の名誉と旧領二十四万石の領地復興を願って、日夜幕府の御用に励んだのである。

寛永十五年(一六三八)九月に増上寺の警備、同十六年八月江戸城西の丸石垣の修理、同十九年四月将軍家光の日光社参にあたって江戸城御留守居役と江戸城西

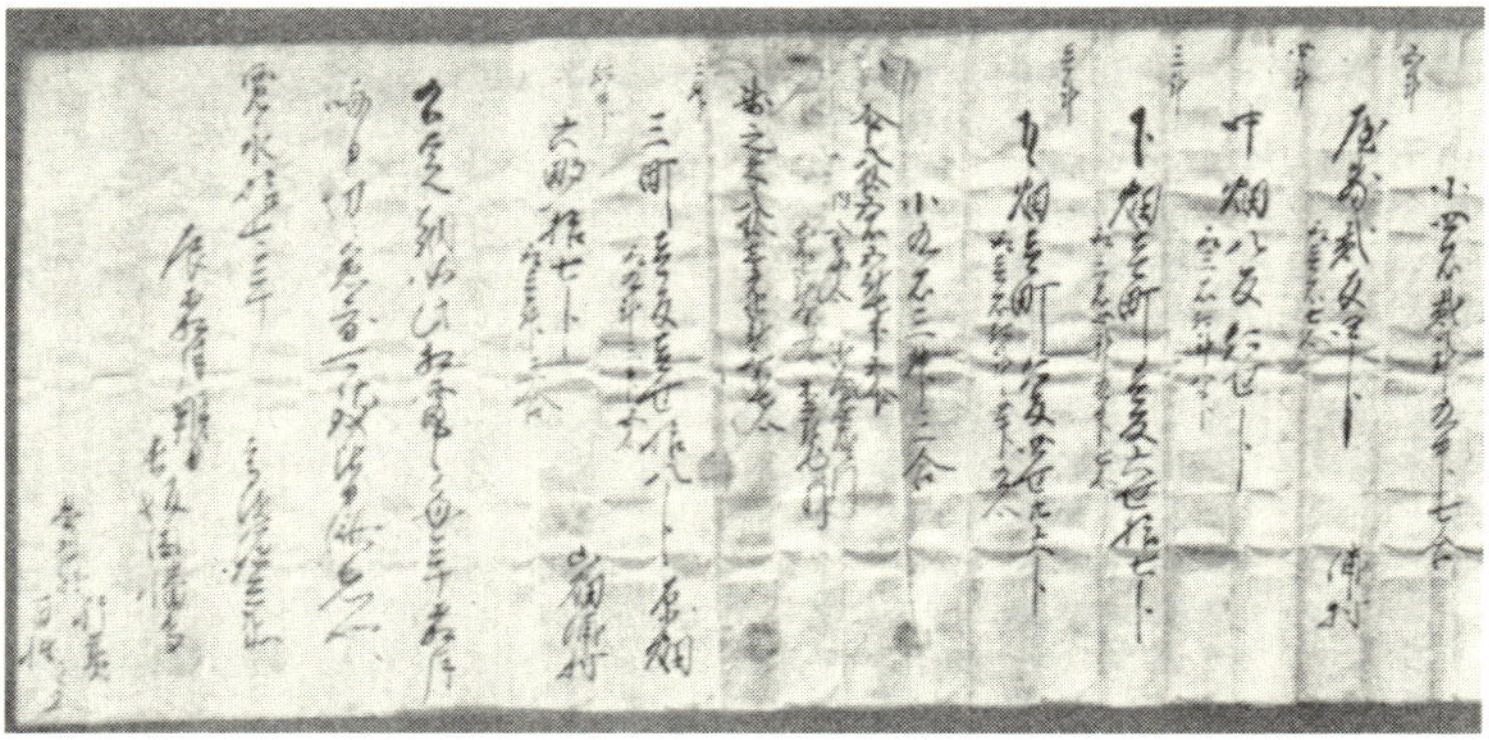

墨川内(黒河内)村定納之事(部分)

の丸大手門の警備、正保《しょうほう》二年（一六四五）二月は江戸城惣郭《そうぐるわ》の溝塹《こうざん》の修復、慶安《けいあん》元年（一六四八）九月増上寺の警備、明暦《めいれき》元年（一六五五）の朝鮮通信使★への負担、同三年の大坂加番役《かばんやく》★の担当などがあり、この他に、寛永十七年・同十八年・慶安三年・万治《まんじ》二年（一六五九）に各々祝いの品物を献上している。

わずか三万石余りの譜代小藩がこれほど多くの御用を担当することは一般的にはあり得ないし、しかも藩財政には当然大きな影響を与える。この財源確保は領民の重負担となっていく。慶安二年（一六四九）には貢租の増徴が実施されている。それ故、生活困窮と重賦に耐えきれず、ついに承応《じょうおう》三年（一六五四）六月領民は家屋敷・家財・田畑を捨てて安住の地を求め、尾張徳川家領の木曾への逃散に発展していったのである。この三千人余りの数は当然家族数を含んだものと考えられるが、それでもこの数字が示すように、かなり重大な事件として木曾の代官は報告したのであろう。

この百姓逃散で高遠藩領内の田畑は無主地が多くなり、土地の荒廃があったとみえ、二年後の明暦二年（一六五六）から三年にかけて鳥居氏は全領検地を実施して、貢租の確保を狙っている。

▼**朝鮮通信使**
朝鮮国王から江戸幕府に将軍の代替わりやその他の慶事に派遣された使節。江戸時代に一二回来日した。

▼**加番役**
三〇頁参照。

鳥居忠春の豪遊と横死

鳥居忠春の苛政は領民に大きな影響を与えながら、忠春は領内のお茶屋で豪遊したりして領民を困苦させている。

忠春は毎年五～六回、上伊那郷平出村のお茶屋に来て奢侈《しゃし》の限りを尽くしたという。お茶屋下には天龍川の流れがあり、郷中の普請で簗《やな》を造作させ、人足を村々に割り付けて天龍川の魚を得て毎日食膳に出させた。そして大抔を傾け、酔って侍女の膝を枕にしたという。お茶屋に来る際は郷中一四カ村の名主など村役人や大勢の者が郷界まで出迎え、滞在中は火の番をし、献上物を領民が出し、村役人が毎日ご機嫌伺いに顔出ししないと不機嫌になったという。また、百人余りの従者は威張り、食事用の米は藩への納入米を一時保管している郷蔵から出させて食したという。

寛文二年（一六六二）七月、鳥居忠春は二度目の大坂加番役を担当した。この役は一種の軍役と同様であった。本来、大坂城の警備は旗本の勤番役であったが家臣の多い大名が補佐して行うことから、大名はこの役を大坂加番役といい、一年間の御用で三万石前後以下の大名の御用であった。七月中旬に江戸を出立して下

鳥居家墓地

旬に大坂に着き、八月初めに前任者との事務引き継ぎを行い、御用に勤仕するのである。

忠春は警備する直前、引率した家臣の藩医松谷寿覚《まつたにじゅかく》から突然斬りつけられたが、忠春はその場で寿覚を倒した。しかし、この時受けた傷が原因で大坂で客死した。この事件に関する記録がなく真相は不明であるが、『徳川実紀』によれば、狂気した家臣が忠春を襲ったと記されている。

藩主の死は家臣ばかりでなく、国元の領民にも大きな衝撃を与えた。領民は苛政と重税にあえぎながらも、鳥居家の安泰を願って神仏に祈禱したといい、それに対する藩側の礼状が残されている。

妻子や家族を質入れした百姓

鳥居氏の領民に対する重賦は、領内に数多くの「借用証文」を残させている。藤沢郷御堂垣外村《みどうがいとむら》にはこの種の領民の証文があり、この証文をみると、一般的には田畑を担保として借金した証文が多いが、なかには無尽《むじん》の掛け金に困って借金をした領民もいたのである。

なかには自己の妻子や家族を質草として借用した証文も存在している。延宝《えんぽう》元

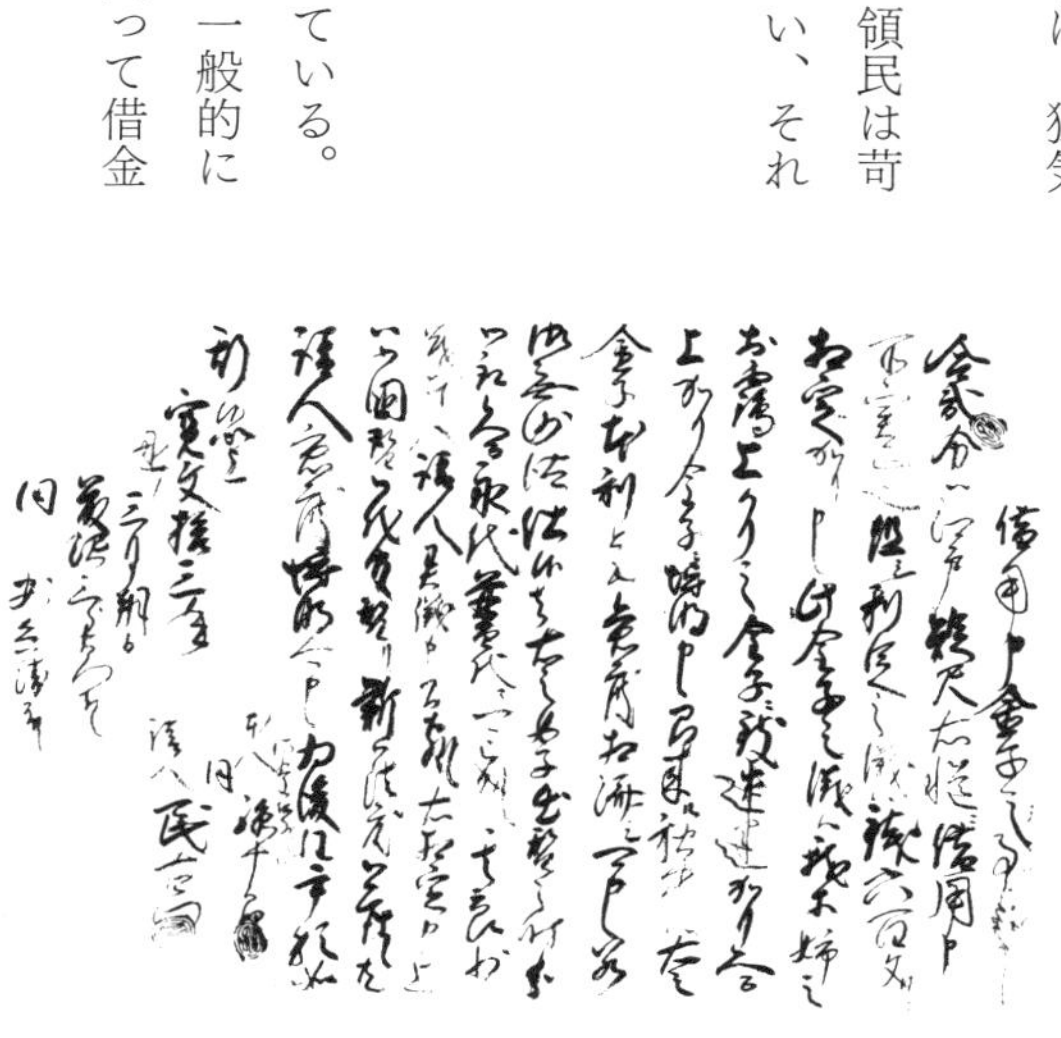

田畑と姉を質草とした借用証文

年(一六七三)三月の事例では自身の姉を質入れして金二分、同二年十二月の事例では十三歳の男子と米一八俵余りを得た無尽金の手形を担保に二両二分、同三年の例では田畑と十五歳の娘を担保として七両一分の借金をしたものがあり、特に延宝元年の事例では借用金の返済ができない場合は「永代に譜代」として手元においても結構であるという一札を書いている。

また、寛文《かんぶん》九年(一六六九)十二月の事例では年貢納入ができないのでと妻子を担保に、延宝元年十二月の事例でも年貢不納で妻子を無尽金のためにと借用証文を書いているが、そのいずれもが返却できない場合は妻子を永代に手元においても結構であると記している。

このように、わずかの借金で大事な妻子や家族を質入れした領民の困苦はいかばかりであったか、容易に領民の悲惨な境遇を思い浮かべることができる。

高坂権兵衛事件と藩主の自害

元禄《げんろく》二年(一六八九)七月、藩主鳥居忠則の死によって鳥居家は再度改易となって高遠を去っている。

同年六月忠則は江戸城馬場先御門の警備を命ぜられたが、その警備中に事件が発生した。勤番を終了した高坂権兵衛《こうさかごんべえ》は夏の暑さをしのぐため同門近辺を散策中に八代洲河岸《やよすがし》（蘭人ヤン・ヨーステン★の屋敷のあった地域を名付けたもので、現在の東京駅八重洲口はこの時の地名である）で、幕府御側衆の一人であった平岡頼恒《よりつね》の屋敷を窺って取り押さえられた。夏の夜で納涼をかねた宴でも行われていたのか、琴の音や賑やかな話し声がしたのであろう。

当初権兵衛は身分を明かさなかったが、厳しい取り調べの結果白状し、主君の忠則は家中不取締の責任を追及され、原因究明ができずに閉門となり、ついに自《じ》裁《さい》したのである。家臣の高坂権兵衛は勿論、家族も罪となり一家は離散した。

これにより、高遠領は没収され幕府の一時預領となった。幕府は先祖の功を思い、また無にするに忍びず、長子忠英《ただてる》に一万石を支給して能登国下村に転封させた。山形時代の二十四万石はついに能登下村で一万石となったのである。

▼ヤン・ヨーステン
オランダの航海士、朱印船貿易家でイギリス人のウイリアム・アダムズと共にリーフデ号で日本に漂着。家康の信任を得て、江戸に屋敷を得る。帰国のためバタビアに赴くも交渉に失敗。元和九年(一六二三)帰国の途次、遭難して溺死した。

お国自慢 これぞ高遠名物

高遠自慢の品をちょっとだけ紹介

南アルプスから流れ出る水は、高遠に豊かな酒文化をもたらした。高遠まんじゅうは、参勤交代の土産物として重宝された。

超特撰仙醸

アルプス酵母を使って深みを追求した酒。

（株）仙醸
TEL0265-94-2250

仙水

キレのある軽やかで、すっきりとした純米酒。

（株）仙醸
TEL0265-94-2250

奔酒

（株）仙醸
TEL0265-94-2250

雅

南アルプスの清流から仕立て上げた大吟醸。

（株）仙醸
TEL0265-94-2250

まつたけ酒

清酒に、刻んだまつたけを入れて、香りがよい。予約も受付けている。

（株）仙醸
TEL0265-94-2250

みまよせ

大國酒造（株）
TEL0265-72-2040

高遠まんじゅう

江戸時代に高遠の殿様が将軍家に献上した。
亀まんじゅうもおいしい。

高遠そば

辛味大根のおろしと焼き味噌をまぜた
「辛つゆ」で食す。保科正之も愛したと伝わる。

第二章 高遠内藤藩の藩政

貧しいながらも武器・武具を整備し、教育に力を入れる。

❶ 内藤政治の展開

摂津富田林より入封した内藤氏は幕府のお手伝普請や大奥女中絵島を預けられる。尾張徳川家からの養子を相続させるも、年少のため家中にお家騒動を発生させる。借財で苦しむ藩は参勤交代の途中で費用節約のため川留めを無視して処分をうける。

内藤清枚の入封

元禄《げんろく》二年（一六八九）の鳥居氏転封後二年間は幕府預領だった高遠に、同四年二月、内藤清枚《きよかず》が幕府より三万三千石を支給されて摂津国富田林《とんだばやし》から入封した。ここに内藤氏の高遠藩成立となり、以後明治四年（一八七一）の廃藩まで初代清枚《きよかず》・二代頼卿《よりのり》・三代頼由《よりゆき》・四代頼尚《よりたか》・五代長好《ながよし》・六代頼以《よりもち》・七代頼寧《よりやす》・八代頼直《よりなお》と続いた。

三万三千石の内訳は伊那郡六カ郷（入野谷《いりのや》郷・藤沢郷・川下《かわくだり》郷・春近《はるちか》郷・中沢郷・上伊那郷）七九カ村二万八五二六石余と筑摩郡洗馬《せば》郷七カ村四四七三石余であり、鳥居氏時代の洗馬郷北部の地六千石は幕府領に編入された。そして、上伊那郷を除く伊那郡五カ郷は内郷（城付地《しろつけち》）、上伊那郷と洗馬郷を外郷（飛地）

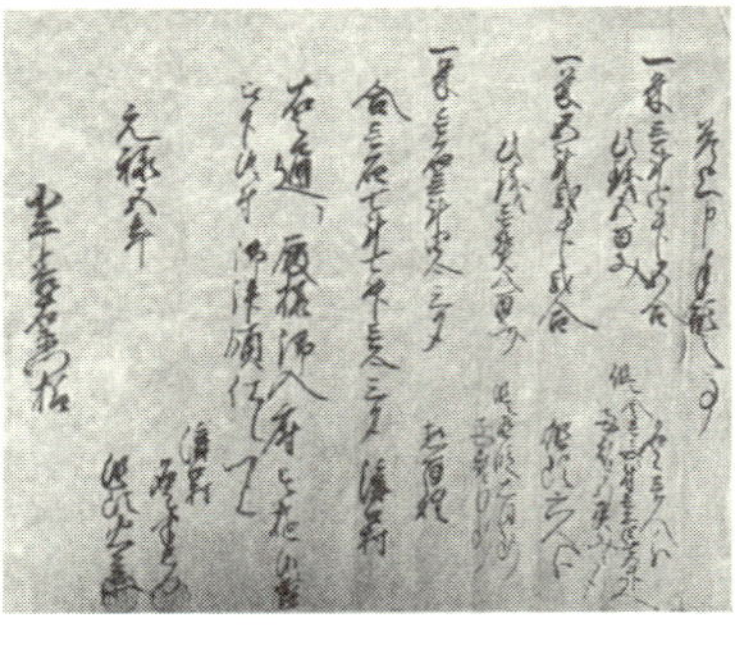
内藤清枚高遠領入部記念品請取書

とも称した。

清枚が高遠に帰国したのは一年半後の元禄五年九月で、到着後直ちに使者を出して時の老中大久保忠朝《ただとも》以下四人に着任の挨拶状と献上品を差し出すと共に、領民に若干の金穀を配付している。

江戸城二の丸普請

高遠藩は宝永《ほうえい》元年（一七〇四）七月、幕府から江戸城二の丸のお手伝普請を命ぜられた。藩は直ちに普請御用として領民に御用金の名目で賦課し、財源の確保に努めている。

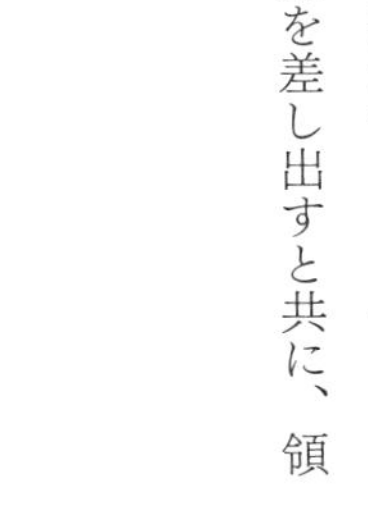

内藤家家紋

内藤家家系図

清《きよ》枚《かず》

長《なが》頼《より》（三河半原藩 安部信峯三男）

清《きよ》行《つら》（旗本 米津田賢三男）

頼《より》卿《のり》

頼《より》由《ゆき》（武蔵岩槻藩 永井直敬五男）

頼《より》寛《ひろ》（信濃岩村田藩 内藤正敬二男）

頼《より》多《かず》（尾張 徳川宗勝七男）

頼《より》尚《たか》（越後村上藩 内藤信興三男）

長《なが》好《よし》

頼《より》以《もち》（出羽福島藩 板倉勝矩五男）

頼《より》敦《あつ》

頼《より》容《かた》

頼《より》寧《やす》

頼《より》直《なお》

城下町民の問屋・名主・各町の丁代《ちょうだい》★・御用達・木師《きじ》★・酒屋などを召し出して、江戸城のお手伝普請を命ぜられたので仲間ごとに精出して御用金の上納に励むことを伝えた。さらに当初から御用達は五五〇両、木師仲間が一〇〇両負担したが、なお千両ほど都合してほしいと要求し、此度の御用は殿様御内用ではなく、公儀御為の仕事であるから精出して御用勤めしてもらいたいと伝えた。

しかし、町民側は財政状況の悪化を理由に上納を拒否したから、藩は再三督促した上で町民を呼び出し、もし我がままを申して御用を不埒《ふらち》にした場合は城下において生活することは許さない、よって質物をいれても御用金を用立てるようにと厳重に通達をして、江戸城二の丸の普請を行った。

この御用金上納にあたって、藩は町民には元利ともに返却する、百姓には用立てた御用金相当額を年貢米から差し引くことを条件としていたが、十二月になって町民に対しては藩の勝手方不如意《ふにょい》を理由に元利返済は無理として利息しか返却せず、百姓にも同様の理由で例年どおりに年貢米を出すようにと強引に徴収している。

▼丁代
現在の町村長。

▼木師
木工品を作る職人。

絵島流罪

絵島屋敷

正徳《しょうとく》四年(一七一四)三月、大奥の女中絵島が高遠に配流となる事件が発生した。絵島の母は甲州藩士疋田《ひきた》彦四郎に嫁して絵島を得たが夫彦四郎は早世したため母は絵島を連れて、御家人の白井平右衛門と再婚したという。宝永元年江戸城大奥に入った絵島は、六代将軍家宣《いえのぶ》の愛妾月光院に仕え、月光院の信頼を得て累進し大年寄となった。大奥は男子禁制であり、女性たちには楽しみの要素がないために宿下がりした時は芝居見物など遊興に過ごすことが多く、絵島も芝居を好んだため、商い上で関係をもっていた呉服商の後藤、薪炭商の栂屋《つがや》などがしばしば絵島を芝居見物に招待した。

正徳四年正月将軍家宣の命日に月光院の名代として芝増上寺に代参した絵島は、代参を手早くすませ寺には挨拶をせずに、そのまま山村座で役者生島《いくしま》新五郎★の芝居を見て帰城した。増上寺は絵島からの挨拶がなく、いつまでも姿を見せないために不審に思い、増上寺がその様子をそのまま通報したことによって事が表面化し、幕府は公務をおろそかにしたとの理由で吟味し、高遠に遠流《おんる》★という判決を下した。生島新五郎をはじめ関係者が処分され、連座の罪によって白井平右衛門・奥山喜内は死罪、医師奥山交竹院、山村座山村長太夫、役者生島新五郎、狂言作者中村清三郎など一〇人が流罪、お抱え役者滝井半四郎など多数が追放となっている。

絵島墓地

▼生島新五郎
歌舞伎役者。大坂から江戸に出て、「ぬれ・やつし」の名人といわれた。絵島事件で三宅島に流罪となる。

▼遠流
最も重い流罪。

絵島は高遠藩主内藤清枚にお預けが伝えられ、配流される直前に

　浮世にはまた帰らめや武蔵野の
　　月の光の影もはつかし

という一首の和歌を残して高遠に移送された。

　高遠に移った絵島は入野谷郷非持《ひじ》村の囲い屋敷で生活し、享保《きょうほ》四年（一七一九）に城下花畑に移り、そこで毎日一汁一菜の食事をし、毎夜月を眺めて来し方を思いつつ、侘びしくつましい生活を送り、一言も愚痴をこぼすことなく日夜を過ごし、寛保《かんぽう》元年（一七四一）四月十日花畑で浮腫《ふしゅ》★のため病没するまでの二十八年間の長きにわたり、配所で生活した。墓は城下の蓮華寺の片隅にある。蓮華寺には現在、幕府検視役人と藩役人との「検視問答書」が残されており、それをみると非常に興味のある返答が記されている。例えば、酒は上戸か下戸かの問いに対して酒は一切出さないと答えている。その他に、食事の際の箸の長さ、たばこの好み、湯行水の仕方、爪切り、冬期の火鉢や足袋のこと、身体の特徴、両便の場所、夜具の用法、読書のことなど事こまかく質問している。

　この事件は絵島の芝居好みが起こしたのではなく、幕府内部の政権争奪に利用されたのが現実の姿であった。これには①将軍家宣の正室天英院熈子《てんえいいんひろこ》★と側室で家《いえ》継《つぐ》の母月光院お喜世《きよ》★の対立、②家宣に登用された新井白石や間部詮房《まなべあきふさ》★と三河以来

絵島（左）と生島

▼浮腫
皮下組織に水がたまってむくむこと。むくみ。

▼天英院熈子
近衛関白基熈の姫。延宝七年（一六七九）十二月結婚。宝永元年（一七〇四）十二月、西の丸に入り、同六年十一月本丸に入る。正徳二年（一七一二）十月落飾（髪を剃り落として出家すること）して天英院と号す。寛保元年（一七四一）二月西の丸にて死去する。

の譜代層との対立抗争、③七代将軍家継就任をめぐる尾張徳川家と紀州徳川家との争い、④八代将軍吉宗をめぐる天英院派と尾張徳川継友《つぐとも》★の対立があり、これが絵島を犠牲にすることで決着をみたのである。

年少藩主をめぐるお家騒動

天明《てんめい》二年(一七八二)四月年少藩主をめぐるお家騒動が発生した。

江戸・高遠在住の藩士が結束して、後見役の一人である延岡藩主内藤政脩《まさのぶ》★に対して、二人の年寄役が藩主長好をないがしろにして藩内の政治向きを思いのままに弄しているとして、罷免要求を行ったのである。この騒動を知った内藤政脩は藩士に意見書を手渡して質問し、藩主擁護派の藩士たちは返書を出している。

それによると、江戸・高遠の藩士が大勢で出訴したのは「余儀なき筋で、止むをえざる事」によるもので、問題となったのは年寄四人のうち市江三郎右衛門と横田甚右衛門の両人で、家中の藩士は市江・横田派と藩主長好派に分かれて騒動となった。三人の後見役の意見がもつれ、もし公儀の耳に入れば沙汰もあるかもしれないような状況である。そうなれば幼君のためにもならないし、世上にもこのような例による家中騒動もあるようだ。我々はお家のためを思い、また行き届

▼月光院お喜世
浅草唯念寺の住持、勝田玄哲の娘。大御番勝田義充の娘分となり、宝永六年(一七〇九)家継を出産。正徳二年(一七一二)落飾して月光院と号す。宝暦二年(一七五二)死去する。

▼間部詮房
将軍家宣・家継の側用人で高崎藩主。宝永六年(一七〇九)、家宣の将軍就任と共に側用人となる。吉宗の就任後、享保二年(一七一七)越後村上の地に左遷され、同地にて死去する。

▼徳川継友
尾張徳川家五代藩主。正徳三年(一七一三)十一月相続。享保十五年(一七三〇)十一月、麴町屋敷にて逝去。

▼内藤政脩
日向延岡の藩主で内藤一族の本家筋にあたり、長好が藩主になった際の、後見役三人(尾張徳川家の勝当《かつまさ》、越後村上藩主内藤信凭《のぶより》、内藤政脩)のうちの一人。

かざることもあるやもしれない、と述べ、両人は幼君を軽蔑し、政治向きを自分の意のままに動かし、お家を乱しているので、連年家中の者は安心できない状態である。この状況が続けばお家騒動に発展しかねないから、お家大事のために願い出た。よって両人が以後も役勤めをするようではかえってお家のためによくないし、お家騒動になるのは目に見えている。後見役様の力で両人を退役させてほしい、と願い出たのである。

後見役の意見書では返書の文面から察すると、上をはばからない不都合なる直訴であるといわれ、かつ多人数の出訴の企てには誰か中心人物がいるのではないか、いるならば密かに申し出よといわれたようであるが、長好派は誰が相催したのかということはない、同志の者が心から心配して協力し、お家のためにしたことであると返答して、後見役様の意見によって相手側を糾明してほしいと訴えている。

その後両人が罷免された様子はないし、長好派の藩士が処分されたようなこともない。この解決は読者におまかせしよう。

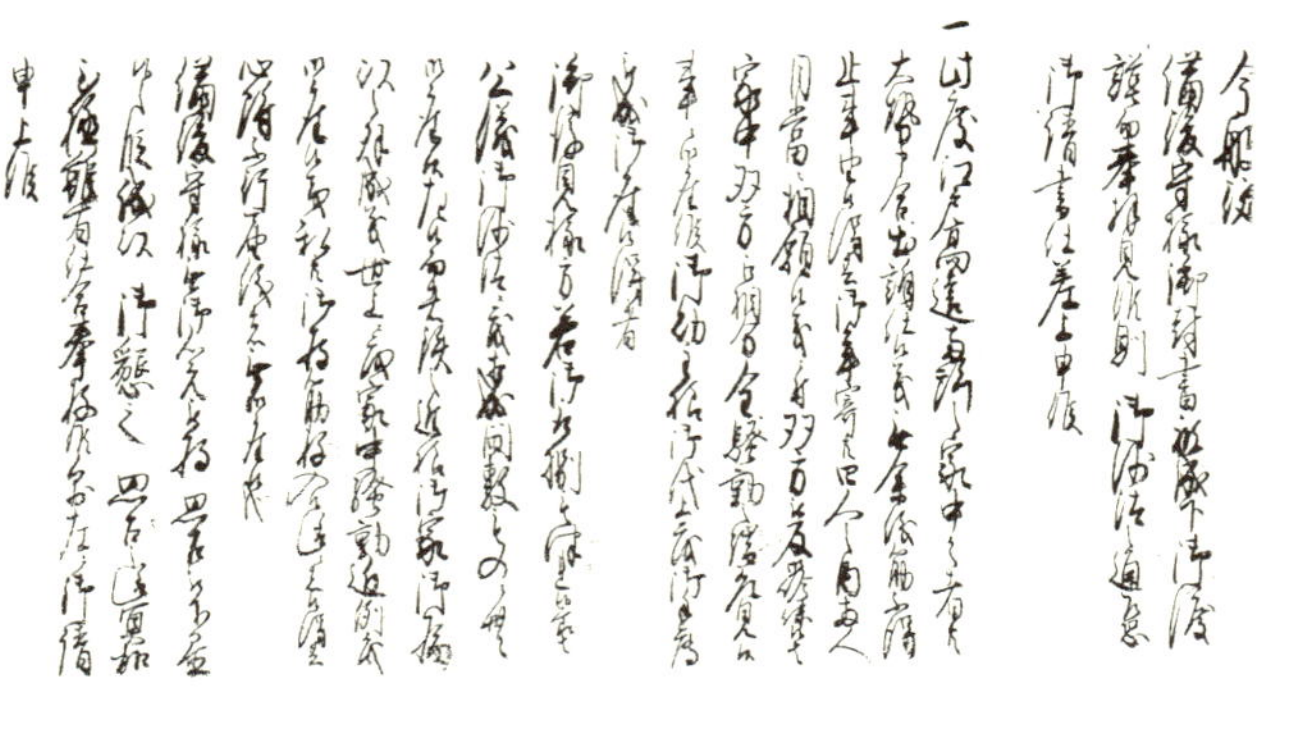

領地交換要求

高遠藩領は前述のごとく、城付地である内郷と、飛地である外郷とから成り立っていたから、外郷の地は高遠から遠く離れ、支配関係でも時間が大幅にかかり、処理も遅れがちとなっていた。このため外郷の上伊那郷と洗馬郷では大庄屋制度を設けて支配した。

それでも治政はスムーズにいかず、藩は家中の意見をまとめ、藩主長好の名で領地の交換を寛政元年(一七八九)閏六月に幕府に願い出た。

――私拝領地のうち、洗馬郷七カ村の地は城下より約一二里余り隔たり、その間に天領があって手違いも起こり、仕置、その他万事不都合が多く年来難儀している。なるべくは城下続きの地で、少々地味の悪い土地であっても差支えないので、交換したく願い出た。

という内容であった。しかし、幕府は高遠藩の要求を拒否したため、藩の思惑ははずれたのである。

拝地百年祭

寛政二年(一七九〇)内藤氏が高遠に入封してより百年目にあたるところから、家中・領内あげて祝いを行うことになった。

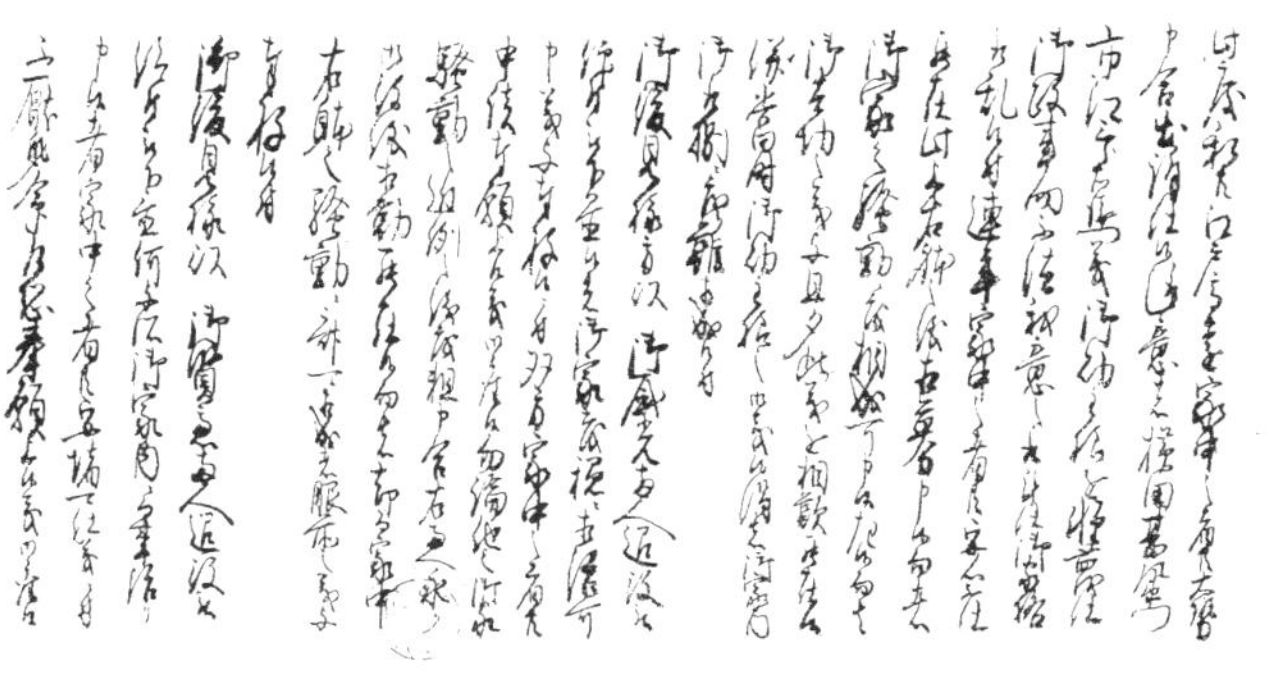

幼君をめぐるお家騒動の時の江戸・高遠家中藩士が後見役の延岡藩主内藤政脩に訴えた訴状（部分）

同元年十一月領内に触書を出して、(1) 寛政二年は拝地百年になるので、祝儀品を献上すること、(2) 年貢を毎年皆納した成績良好の者を調査する、(3) 城下町の家数改めを行う、(4) 拝地の年より代々名主務めの者の家筋を調査する、(5) 寺社堂主・庵主・山伏・座頭などの調査、を命じている。

この調査を基礎として領民に酒と肴を支給したが、具体的には家一戸につき酒三合ずつと、鯣《するめ》一枚ずつを渡した。これに対して領民側からの献上品をみると、城下本町の丁代二人が宝船、同町民どもは鯉三尾、小椙紙《こすぎがみ》★二五把、下町の丁代二人が小鯛二〇尾、町人どもは鯛二尾、杉原紙《すいばらがみ(すぎはら)》★三束など、御用達・木師五人で台物★、酒造家四人で酒樽二荷、町方三役三人で台物、酒樽、鯉、医師一人で麻苧五把・薬となっている。

寛政二年正月二十一日より祝いが行われ、当日は家中藩士全員が藩主長好にお目見得し、二十二、二十三日両日は領内の問屋・名主・城下町役人、仕送役・御用達など、二十五、二十六日は寺社・山伏などが藩主に拝謁し、二十八日には家中藩士に酒を下賜して祝いを終了した。

これは藩側と領民の結束を強化し、領民に藩側に対する意識を持たせ、今後の藩政に協力させる意図があったのであろう。

▼**小椙紙**
小杉とも書き、高級な鼻紙などに用いる。

▼**杉原紙**
楮を原料とし、奉書に似て薄く柔らかな紙。古来、慶弔用・目録用として利用した。

▼**台物**
台にのせた供物。

目安箱

目安箱（入札箱ともいう）といえば、幕府の享保改革において評定所前の縁台において投書させたのが有名であるが、高遠藩の場合は書状箱のようなものであった。

文政四年(一八二一)七月に藩は城下町に目安箱を廻しているが、この箱の上書に目安箱を廻す理由を書いた覚書と大目付格御取次役の葛上長兵衛の添書をつけている。この時の上書は中町の町民の土蔵に侵入した盗人の探索であった。幕末の元治《げんじ》元年(一八六四)の場合は評判の悪しき者、疑わしい者、博奕をする者などの調査で廻している。

しかし、町民の中には目安箱の中にどのような物を入れてあるのか興味をもって見る者がいたらしく、寛政《かんせい》五年(一七九三)三月の事例では目安箱の雨覆いを取り去り、錠前をねじり取った痕跡があり、子供のいたずらとはみえないので、大人が夜分にこうした行為をなしたのであろうと厳重に吟味することを城下に触れ出したこともあった。

明治維新の時は一時城下に二カ所、領内七カ郷に一カ所ずつ「訴状箱」を置いているが、翌二年二月になり、「訴状箱」を撤収して従来どおり目安箱を廻すことを沙汰している。

質物になった深川下屋敷

深川下屋敷（木場《きば》）は、寛政十一年（一七九九）八月下渋谷の下屋敷五八七〇坪のうち一〇〇〇坪と、立花大吉★の上地《あげち》★四四八坪の地を交換して得たものであった。

ここに藩は木場を設けて、領内山々より伐採された木材を三峯川《みぶかわ》に流し、春近郷大久保村の木改番所で改めをうけて「分一運上《ぶいちうんじょう》」を支払ったのちに筏《いかだ》に組んで天龍川を下し、河口の掛塚湊で個々に分け、船で回漕して江戸の深川下屋敷にある木場に収納したのである。

深川下屋敷には大量の木材が貯木されたが、藩財政の窮乏はいかんともしがたく、尾張徳川家より借用した三〇〇〇両の担保にこの深川下屋敷を尾張家に手渡した。しかし、このままいつまでも質物にしておくことは無視できず、文政九年（一八二六）以降の財政改革にあたって領内の木材を売り払い財政にあてることとなって、一時的ではあるが尾張家から下屋敷を借用して貯木場として再利用することにしたのである。

▼立花大吉
旗本安部信旨《のぶむね》の次男で立花家の養子となる。天明七年（一七八七）十月小姓組となる。

▼上地
幕府が返却させた領地。

一六二〇両の引きあてとして下屋敷を借り出し、木曾檜の伐木分を買い受けてその利子によって元利を返済することにした。そして、返済が完了した場合はそのまま藩の御用地として下さるならば、冥加金として毎年一〇〇両ずつ上納したいと申し入れている。

川留めを無視した参勤交代

文政七年(一八二四)五月、藩主内藤頼寧《よりやす》は江戸への参勤に例年の如く旅立ったのである。その後同年九月二十日老中水野忠成《みずのただなり》★から御留守居役が呼び出されて書付を渡された。その書付によると、

「当五月中参勤の旅中、甲州街道日川《ひかわ》出水にて橋流失し、川留め中家来共心得違い歩行越しいたし候の段不埒につき、夫々御咎め申し付け候、其の方儀は病気にて存ざる由に候へども、以後右体の儀これなきよう急度申し付け置かれ、然るべき儀と存じ候のこと」

と申し渡された。そして、大目付の浜四郎左衛門、御用人の城戸十蔵、川割役の岡村権四郎の三人が川越しの罪で「押込め」の処分をうけたのである。

近世の川渡しの規則では洪水で水量が増した時、川渡し人足の脇の下まで増水

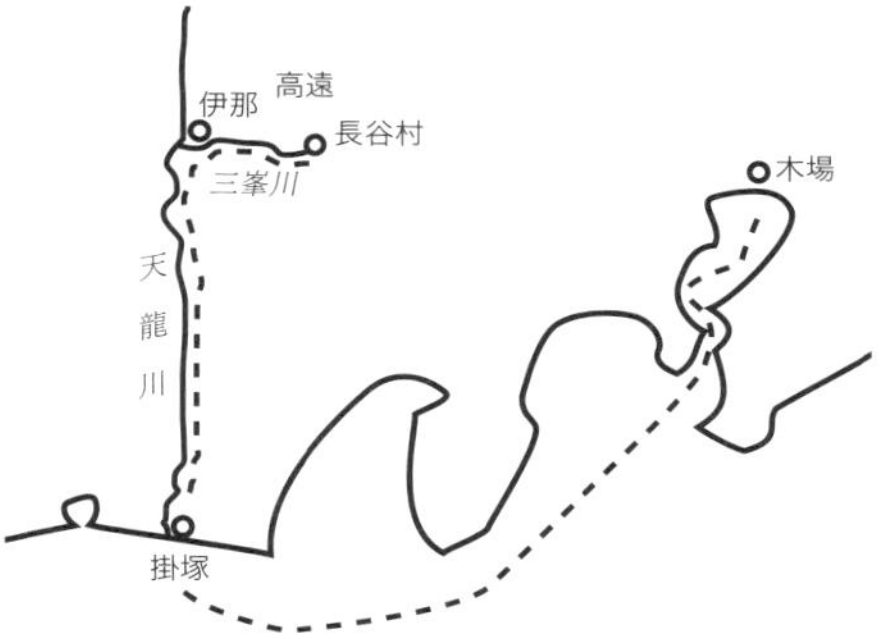

木材の運送ルート
長谷村(入野谷郷)→三峯川→大久保村(伊那市)→天龍川【筏に組み、上乗り人が上乗りする】→掛塚湊(静岡県)【筏をばらして廻船にのせる】→深川下屋敷の木場へ

▼水野忠成
駿河沼津藩主。文政元年(一八一八)より天保五年(一八三四)までの十六年間老中となる。

した時は川留めとなり、何人といえども通行不許可となっている。しかし、財政に苦しむ高遠藩は減水まで滞在すると宿泊費、その他の出費がかさむため、家臣の一存で強引に川留めを無視して渡河したのである。これをみた両岸の宿場役人が幕府に報告したのであろう。その結果が右のような処分となったのである。

猪狩り

藩では中沢郷新山村を中心としてしばしば猪狩りを実施しており、その始まりは宝暦六年（一七五六）とされ、前後一二回におよんでいる。

天保《てんぽう》五年（一八三四）に実施された実例をあげよう。この年は前年の大凶作の翌年ではあったがかなりの実収があった年で、このため猪鹿《いろく》が人里に出て農作物を荒らすために、一種の軍事調練をかねて行われている。

はじめに家中藩士に「触書」を出し、十五歳以上の者で次男以下は自由参加とし、必要道具の持参と、鉄砲不所持の者には藩から貸与する旨を伝え、郡代から次のように通達した。(1) 猪鹿が多く出没し、領民が難儀をしている。(2) 当日は朝五時に集合し、六時に出発する。雨天の場合は四日とし、四日雨天の節は日延べとする。(3) 暫く中断していたから若年者には不慣れの者が多いと思うが、怪我をせぬように鉄砲先や弓先に身をさらすことを禁止する。⑷猿・兎・白猪鹿の打ち止めは禁ずる。⑸猪を相打ちした場合は争いの起こらぬように慎む。⑹陣笠や頭巾の使用は自由とするが、行列中は禁止する、などであった。

また、当日の心得として、二の丸に各々の立場に従って集合し、陣笠の着用は給人以上はその場で、無足《むそく》★は二の丸外で、その他は大手門外で用いる。入野谷郷小原村大沢下で下馬して休息し、その時全員鉄砲に玉込めをする。この場所から遊軍・先手組は自由に出立する。

狼煙《のろし》が上がって正午から総追い込みの太鼓を打つ、その節は直ちに集合し、遠方にて集合しにくい者は道端に出ること。引き上げは朝と同様にする、などを伝えている。

当日の本部は三カ所に設け、獲物の駆り出し口は六カ所で、駆り出す場所は尾根道のように狩りに従事する者がくたびれない場所のみとし、各々茂み深い場所までも充分に追い出しをかけることを勢子《せこ》★共に申し渡した。当日の「手配書」によれば、出動藩士一二四人、勢子は一五組が編成され、一番組は中沢郷上新山村・川下郷上牧村など八カ村で勢子数二〇六人のように、合計五カ郷八二カ村二九一九人におよんでいる。

この時城下町民には、当日必要な物を前日までに揃えることが命じられている

▼無足
家臣でありながら、知行地を与えられていない者。

▼勢子
狩場などで鳥獣を駆りたてる人足。

が、品物はござ三〇枚、幕串四六本、幕二対半、太縄一束、掛矢一本、打込み一つ、分持《わけもち》★一荷、雇い猟師は入野谷郷山田村から四人出ている。

約三千人余りの藩士や勢子が参加しているので大がかりな猪狩りであった。そして、各組は隊長、部下、到着場所、駆り出しの道筋までも詳細に決めている。新山村を中心とした地域に三千人余りの人間が入りこんでの狩りであるから、その様子が彷彿として浮かんでくるが、その割には、成果の記録はみられない。

▼分持
振り分け荷物。

幕府巡見使への対応

天保九年(一八三八)十二代将軍家慶《いえよし》の就任を機に幕府は諸国に巡見使★を派遣した。巡見が高遠藩に通達されると、三月十六日年寄浅井清左衛門（亦七郎）以下多数の藩士が旅宿・道路・駕籠立場などを見分した。藩は閏四月に領内に触書を出した。

主な項目をあげると村役人には、(1)道筋際にある養い小屋を修理し松葉垣で囲み、(2)本陣玄関前左右に水手桶一つと盛砂をする。(3)伊那部宿と御堂垣外宿の本陣を宿泊所とする。(4)両宿本陣の亭主は木綿の袷と麻裃で出迎える。(5)駕籠付きの者で案内者は羽織・木綿の袷・無刀とする。(6)御用案内者は春近郷・

▼巡見使
寛永十年(一六三三)を最初とし、以後は将軍の代替わりごとに派遣された。天領のみを巡見した御料巡見使と天領、私領の別なく巡見した諸国巡見使とがある。

川下郷は上穂《うわぶ》まで、御堂垣外宿案内者は中村まで出迎える。(7) 二番見張りの者は一行が春近郷表木村まで来た時に、伊那部宿待機の浅井清左衛門に注進する。(8) 一行が市坂まで来た時に見張りの者は駕籠で行くのか、そのまま通行するかを見届けて城下に注進する、と決められた。

領民に対しては、(1) 巡見使と同名の者は改名する。(2) 各家の者は土間に降り、通行時は平伏する。(3) 家中より覗き見、透き見をせず、高声を出さない。(4) 本陣出入りの案内者は全員無刀のこと。(5) 通行にあたり、先々に掃除人足を出して掃除させる。(6) 通行前日惣百姓は月代《さかやき》★を剃る。(7) 春近・川下・藤沢三カ郷は当日巡見使への入用人馬の提供は免除する。但し、藩役人送迎人馬は負担する。

閏四月十二日に下牧村小三郎など九人を案内者として選び、さらに巡見使の質問があった際は、次のように答えよと答弁の仕方まで用意した。★

(1) 村高・石盛のことは相応に申し上げ、石盛は平均四ツぐらいと答えよ。
(2) 家数・人別も相応に申し上げよ。
(3) 宗門改めは春秋二度の実施と答えよ。
(4) 凶作時は検見《けんみ(けみ)》★の上で多分に年貢は割り引かれ、救助米を下附されて飢人は出ないと答えよ。
(5) キリシタン類族★はいないと申し上げよ。

▼**月代**
江戸時代に男子が額から頭の中ほどにかけて髪を剃ったこと。またその部分のこと。

▼**答弁の仕方**
最初の領主支配の場所で巡見使が質問したことを先々の領主支配地の役人に連絡することで、役人がその連絡内容を見て回答を前もって領民に伝えたことが種々の史料によって判明する。

▼**検見**
一一五頁参照。

▼**類族**
キリシタン信徒の一族七世（女系は四世）までのこと。

(6)　鉄砲のことはありのままに話すこと。
(7)　高札場所は一カ村に一カ所ずつあること。
(8)　朱印の寺社はないこと。
(9)　罪人・預かり人はいないこと。
(10)　三峯川は水源地より十里あること。

などのように答えよと指示している。

藩の内情をあからさまに話すことがはばかられたのと、藩側に有利になるような発言をさせているものもあって興味深いものがある。

②高遠内藤藩の機構

内藤氏の職制は軍事面から行政面への分化が著しく、
大目付以下目付の職制が多くみられるのが特徴といえよう。
幕末期には「格」・「並」を付加する職制が登場。

職制の概要

初期内藤氏の職制機構は、当初は未整備であったが、元禄年間までは軍事機構と行政機構とに分化していた。のち徐々に整備されてはきたが、かえって機構は複雑となり、人物よりも職制本位の行政的機構が目立つようになってきた。

一般に藩制機構は軍事編制に基づく身分的な面と、領内政治を担当する行政的な面とをもっていたが、時代が進行するにつれて軍事体制中心の機構は次第に減少し、かつ商品流通経済の発達に即応した行政的・経済的機構が重要視され、職制にも新機構がみられるようになってきている。

内藤氏の場合は大きく分けて行政機構・経済機構・監察機構・軍事機構などに分類される。

図２　高遠内藤藩の職制機構

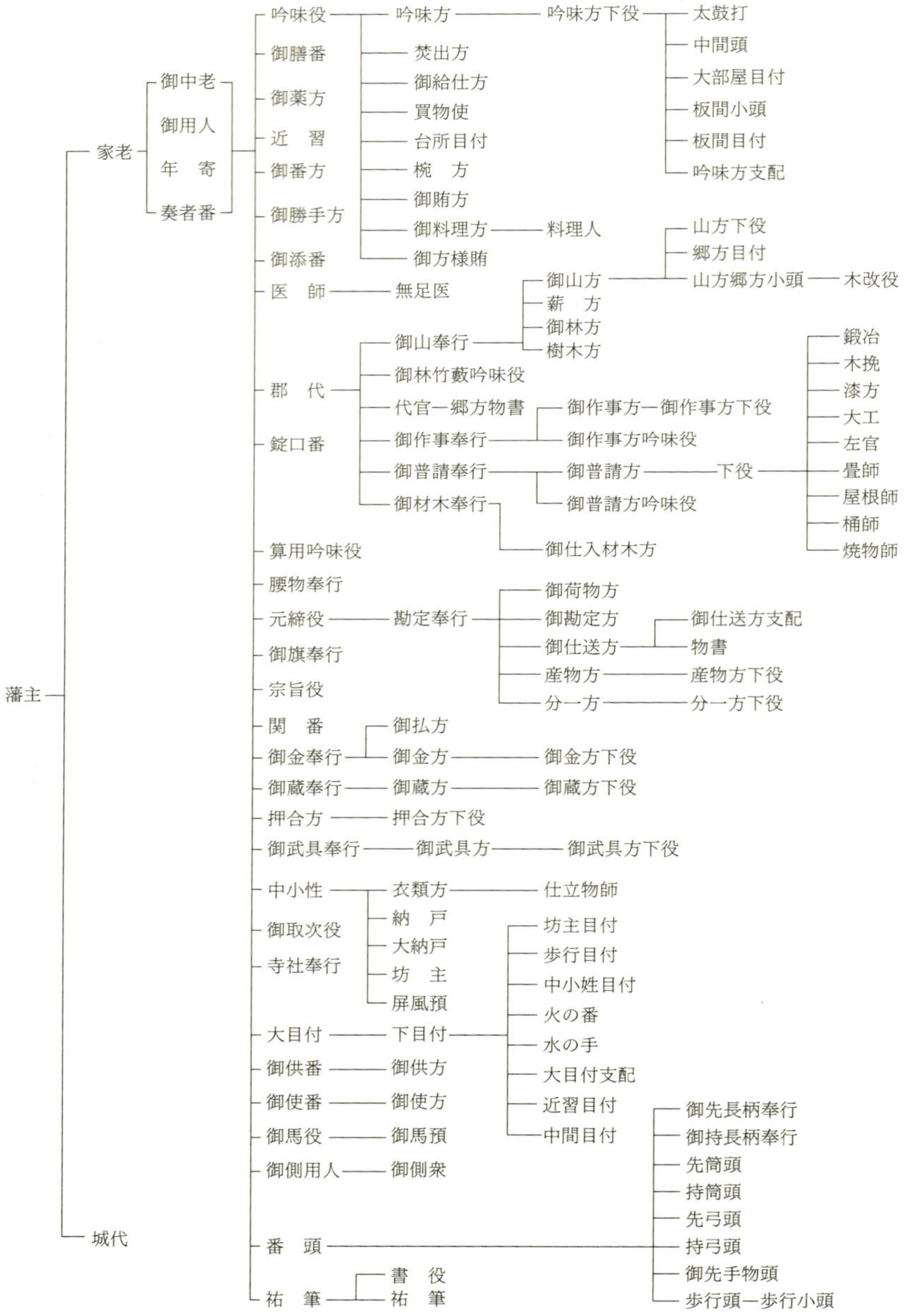
藩主
家老
御中老
御用人
年　寄
奏者番
吟味役
御膳番
御薬方
近　習
御番方
御勝手方
御添番
医　師
郡　代
錠口番
算用吟味役
腰物奉行
元締役
御旗奉行
宗旨役
関　番
御金奉行
御蔵奉行
押合方
御武具奉行
中小性
御取次役
寺社奉行
大目付
御供番
御使番
御馬役
御側用人
番　頭
祐　筆
城代
吟味方
焚出方
御給仕方
買物使
台所目付
椀　方
御賄方
御料理方
御方様賄
吟味方下役
料理人
太鼓打
中間頭
大部屋目付
板間小頭
板間目付
吟味方支配
無足医
御山奉行
御林竹藪吟味役
代官ー郷方物書
御作事奉行
御普請奉行
御材木奉行
御山方
薪　方
御林方
樹木方
山方下役
郷方目付
山方郷方小頭
木改役
御作事方ー御作事方下役
御作事方吟味役
御普請方
下役
御普請方吟味役
御仕入材木方
鍛冶
木挽
漆方
大工
左官
畳師
屋根師
桶師
焼物師
勘定奉行
御荷物方
御勘定方
御仕送方
産物方
分一方
御仕送方支配
物書
産物方下役
分一方下役
御払方
御金方
御金方下役
御蔵方
御蔵方下役
押合方下役
御武具方
御武具方下役
衣類方
納　戸
大納戸
坊　主
屏風預
仕立物師
下目付
坊主目付
歩行目付
中小姓目付
火の番
水の手
大目付支配
近習目付
中間目付
御供方
御使方
御馬預
御側衆
御先長柄奉行
御持長柄奉行
先筒頭
持筒頭
先弓頭
持弓頭
御先手物頭
歩行頭ー歩行小頭
書　役
祐　筆

表２　化政年間内藤藩の職制名と家臣数
（「侯臣名籍録」により作成する）

職制	員数	職制	員数	職制	員数
年寄	3	御用人	5	勘定奉行	2
郡代	2	御先手物頭	5	御留守居	2
御先長柄奉行	2	物頭格	1	大目付	5
押合方	3	御脇番	2	御取次役	4
御普請奉行	7	御使番	4	御金奉行	3
本道	14	近習目付	1	御側衆	32
徒士頭	1	武具奉行	4	御番方	13
水の手	3	合力	5	祐筆	6
近習	2	中小姓目付	5	御次番	15
吟味方	3	御供方	24	御馬役	3
中間頭	2	御仕送方	2	徒士小頭	3
代官	6	御中小性	4	座頭取締	1
御賄方	6	分一方	2	御蔵方	2
御料理方	6	屋敷守	4	御荷物方	1
御武具方	2	御勘定方	1	坊主目付	3
御山方	1	御給仕方	2	元締役所勤	4
徒士目付	4	書役	14	御使方	1
大納戸	2	徒士	1	仕立物師	1
御役方	1	茶道並	2	奥坊主	23
下目付	6	吟味方下役	1	御蔵方下役	3
樹木方	1	御金方下役	1	普請方下役	2
分一方下役	1	武具方下役	1	奥支配	4
城代組	22	星野組	14	内藤組	14
城戸組	12	青山組	14	深谷組	13
佐治組	14	潮田組	14	岡部組	15
郡代組	30	元締支配	9	普請奉行支配	20
武具奉行支配	3	吟味方支配	25	大部屋目付	1
大目付支配	10	太鼓打	3	中間小頭支配	140
樹木方支配	10	留守居組	20	中間	117
御手廻支配	2	馬役支配	12		

行政機構では城代（城番）、家老、御中老、年寄、御用人、奏者番、郡代★、代官、町奉行などがあり、領民と密接に関係するのが、郡代と代官であった。郡代は郡奉行《こおりぶぎょう》とも称し、重臣の意をうけて民政や治安にあたり、代官の監視、貢租徴収、林政、普請、新田開発、木曾助郷などを扱い、その下の代官は各郷を分割支配し、担当郷の貢租徴収と輸送、司法、民政全般を直接担当した。代官の一人は頭取となって町方支配を兼務した。

経済機構には御山奉行、御金奉行、御普請奉行、御材木奉行、御作事奉行、勘定奉行、元締役が存在した。最も重要な職務は元締役で、藩の会計経理の総元締役として領内の貢租全般、藩士への俸禄支給、廻米、払い米など財政全般の出納と会計に関する経済事務を担当した。監察機構では大目付、下目付、中小性目付など各目付、吟味役などがあげられる。大目付は強力な実権を握り、家中藩士の城中、役所における勤務状況を調査し、その賞罰をも行うが、藩の触書、条目、覚書、沙汰書の多くは大目付を通じて家中に発布された。内藤氏の場合は特に目付の数が多く、中小性目付、近習目付、徒士目付、郷方目付、大部屋目付、台所目付、板間目付、坊主目付、中間目付、歩行目付などがおかれている。

▼郡代
通常は二人の任命であり、郡奉行・御奉行ともいわれ、領民とのつながりの顕著な機構である。

職制と家格

高遠藩の藩士数は、宝永年間では七二〇人ほど、化政期《かせい》★では八五〇人ほど、天保期《てんぽう》(一八三〇~四四)は化政期とほぼ同数、慶応期《けいおう》(一八六五~六八)には六五〇人ほどの人員数であった。

家臣団は身分的秩序の集団として構成されており、基本的には軍事編制を中心として構成されていた。藩体制が確立すると軍事的体制を示す身分的秩序は変容し、行政的分野の職制機構への就任が顕著になってくる。

近世後半になると大目付格・御供番格などという「格」制の機構が目立つようになってきた。これは一定の格式に準ずる待遇をうけてその末席に据えられるものである。大目付格とは、家格が昇進して大目付と同等の待遇をうけることを意味するが、大目付そのものではない。よって、「御供番格御普請奉行」とは、本来の御供番ではなく、御供番と同格の待遇をうける御普請奉行の意味である。

さらに化政期以降に多くみられる職制としては「並」付きの機構がみられる。これもその職制と同等の待遇をうける家格に昇格したものとして明確に格付けされたと考えられる。

▼化政期
文化・文政期(一八〇四~三〇)徳川第十一代将軍家斉の治世下で、江戸文化も地方文化も盛んになった時期。

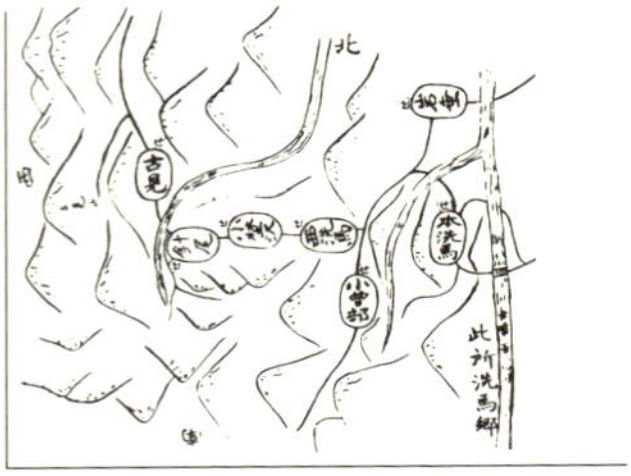
北
吉見
小曽部
此所洗馬郷

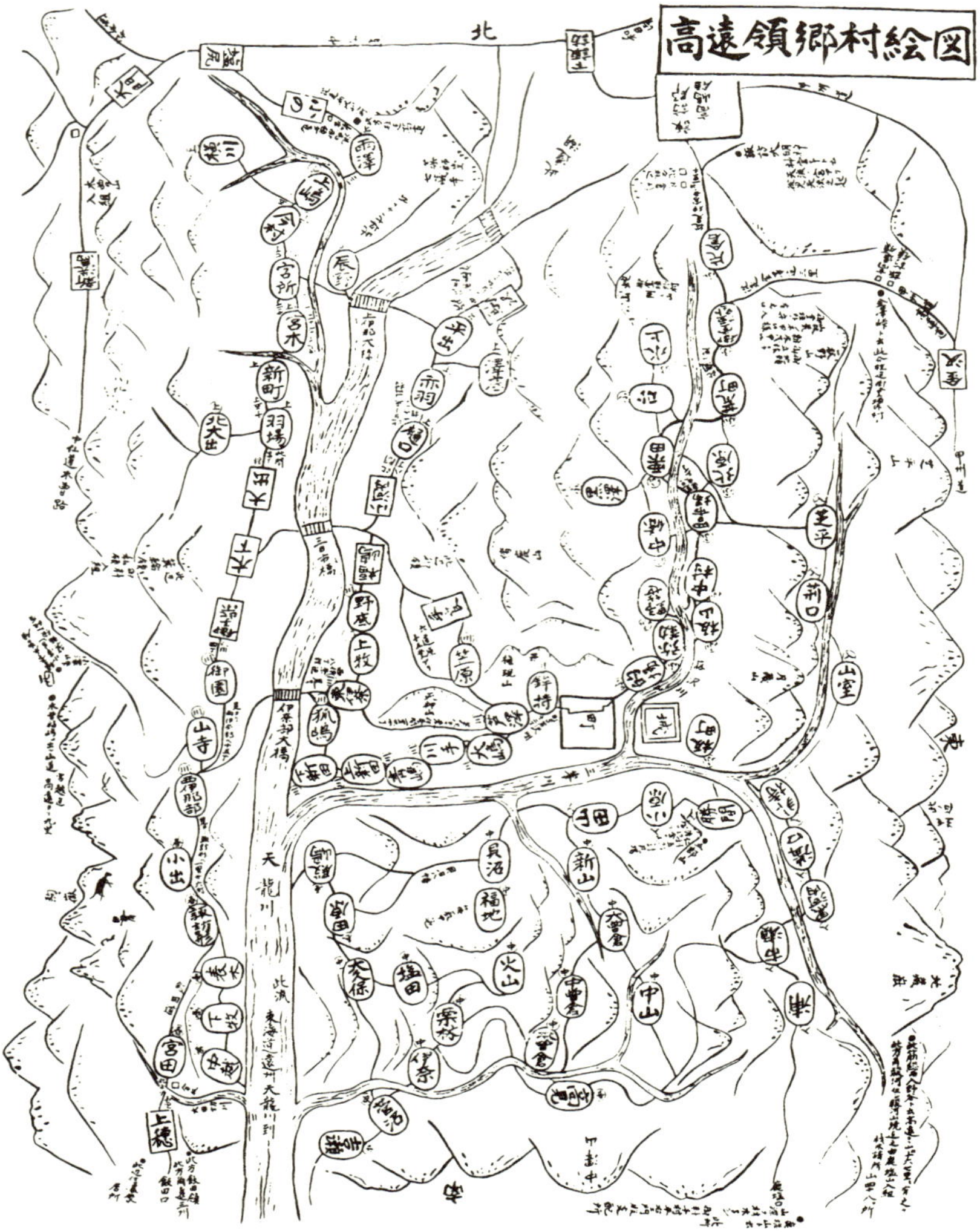
高遠領郷村絵図
北
東
天龍川
辰野
雨澤
上嶋
宮所
宮木
新町
羽場
北大出
大田
木下
御園
山寺
伊那部
小出
宮田
上穂
赤羽
野底
上牧
笠原
鉾持
狐嶋
芝平
荊口
山室
貝沼
福地
火山
塩田
新山
中山

このように格や並付きの家格が多くなるのは同期以降家格の変動が増加し、軍事的職制分野が縮小され、行政的分野での家臣の活動が望まれ、人材をより多く必要とした結果であろうが、それは必ずしも完全なものではなかった。

また、内藤氏の場合は家老・年寄・御用人などの職制に就任できる家格、元締役・郡代・御勝手方・御旗奉行・勘定奉行・番頭などの職制に就任できる家格、

図3　藩士昇進コース図

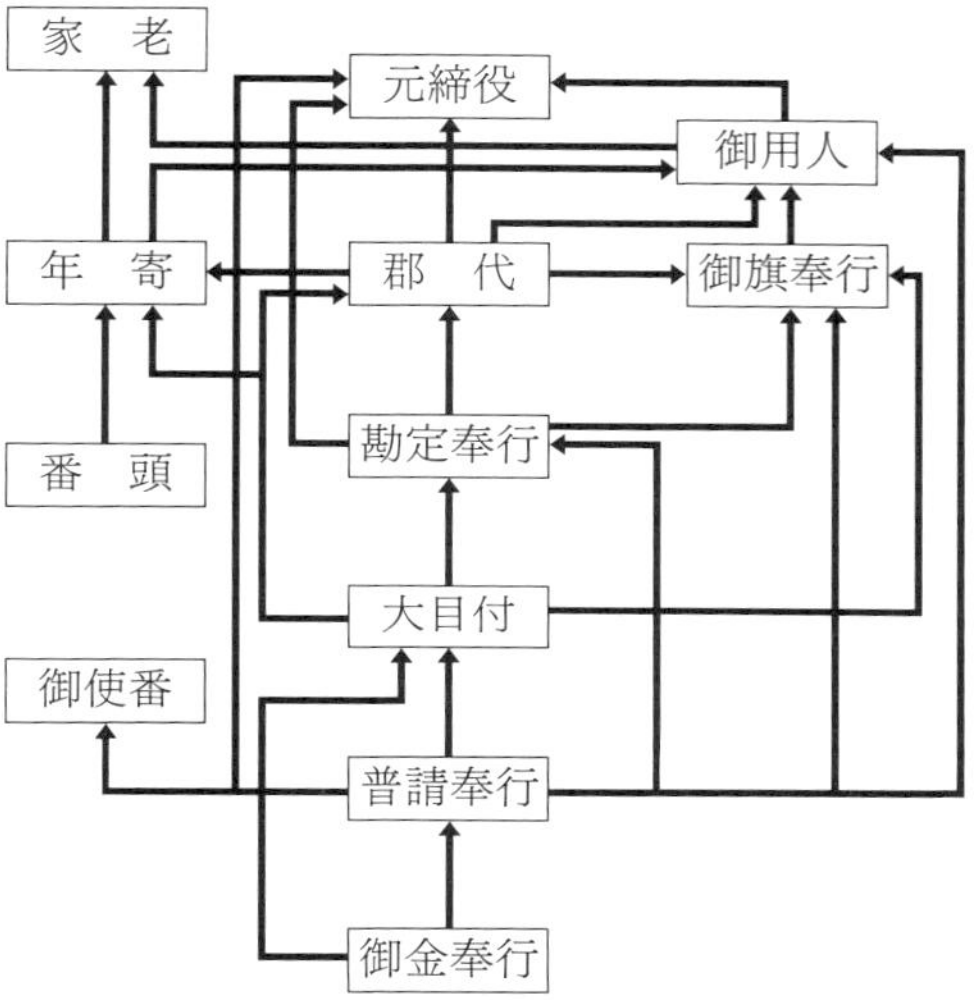

御側衆・大目付・御使番・御普請奉行・御金奉行などに就任できる家格、代官・中小性目付などに就任できる家格のおおむね四つに分けられる。家老から御金奉行までの職制はおおむね上級藩士によって世襲的に就任できた。代官や中小性目付への就任者は先の御金奉行までの職制には就任できないが、反対に上級藩士は中小性目付以下の職制に就

任することは可能であった。このため、右の四つのすべてに就任できる家格の藩士は一四家のみであった。

次に職制就任機構の昇進コースについてみると、図1のように図示できる。内藤氏における一般的な昇進コースは御金奉行→御普請奉行→大目付→郡代コースで、他には大目付→勘定奉行→御旗奉行・郡代コース、大目付→郡代→元締役コースも定められていた。

③ 藩主の足跡

養子の身分ながら、家中の財政政策に多くの成果をあげた藩主。

江戸上屋敷の堅苦しい生活を高遠での生活で息抜きする若き藩主。

名君頼寧は藩内で文学、芸能、学問、料理を勉学しながら、各分野に家臣の才能を発揮させる。

内藤頼卿の遺言状

享保《きょうほ》二十年(一七三五)二月の二代藩主頼卿《よりのり》の遺言状が残されている。

自分は幼年の時から内藤家の家督を継承以後、家中の行事、領内の政務を先代の清枚時代と変わらずに行い、家風の作法を整えて遺失なく朝夕心を尽くして行ってきた。しかし、不尚(不肖)の身であるために脱漏することが多くあり、あまつさえ病身のためいろいろ治療したが快復がおぼつかなくなった。また、存知のとおり実子がないため、先々の筋目のため急養子を願い出て公儀より認められたので、家中の者どもは役儀を怠ることなく、旧例を守って相励み忠勤をしてほしい。あるいは公用、不時の物入りが近年多く、勝手方も苦しく、家中より借上げを実施したが、このことが心残りである。このため、あらかじめ申し付けたとおりに倹約を守り、よく反省して艱難を凌ぎ、時節を待つようにせよ。その節我が意をつのり願い出るようなことをするのは不忠というべきである。これらのことは家老どもにも申し聞かせておくので、我が落命ののちは家中一統はよく承知して忘却せざるようにせよ。

この遺言状をみると、頼卿自身が自己を謙遜しており、家中の仕置についてもよく治政を実施していたことがわかる。確かに病身であったことは事実で、相続者を得ることはできずにいた。

頼卿は清枚《きよかず》の実子で元禄十三年（一七〇〇）に江戸で誕生し、正徳三年（一七一三）十三歳で清行《きよつら》の養子となり、清行の死後、父清枚の嗣子として藩主の座についた。公務も江戸城外桜田・和田倉御門番、増上寺の警備、朝鮮通信使来朝時の東海道御用、参向公卿衆の饗応役、浅草御門より小石川御門の防火役、飛火防火小川町組頭取、奏者番役の担当、日光社参御用などを行い、内政では町仕送役や御用達の設定、家中藩士よりの借上げ、享保三年・十年の高遠城の破損の修築、軍役・持人の制を実施したが、反面、二度にわたる地震災害、上屋敷の焼失、天龍川の洪水被害など経済的な問題もあった。

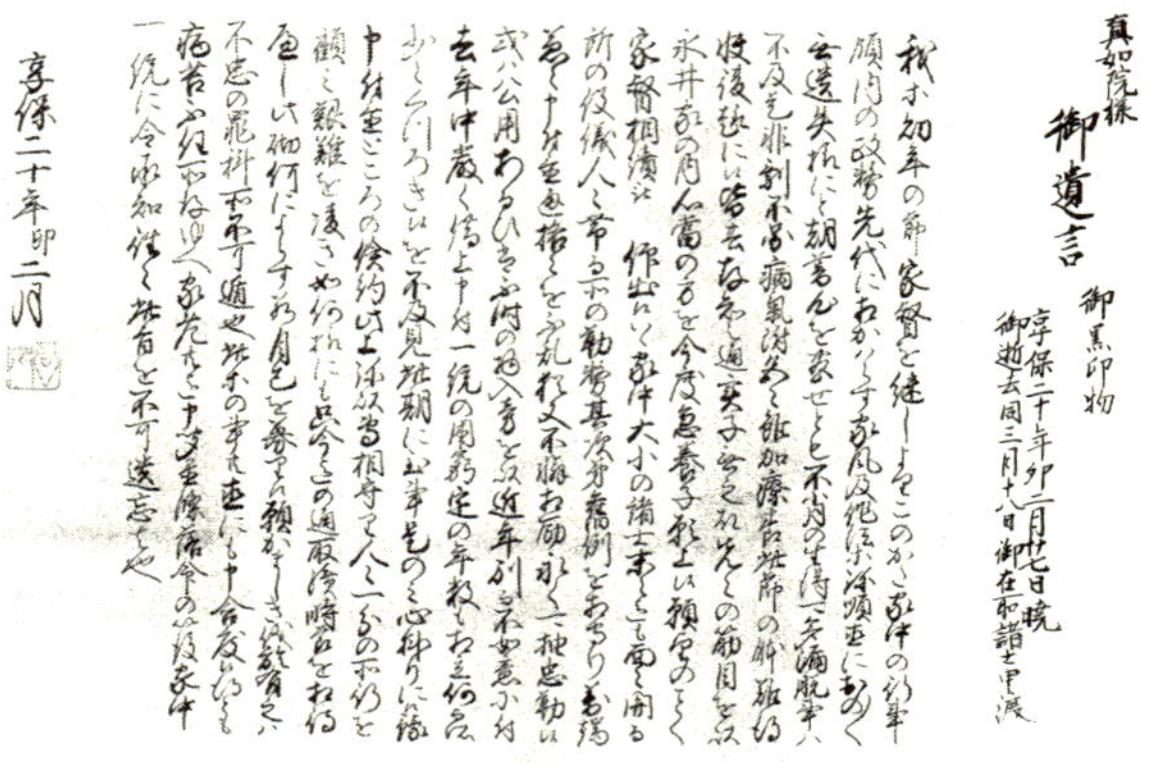
真如院様
御遺言
御黒印物
享保二十年卯二月廿七日晩
御逝去同三月十八日御在所諸士申渡
享保二十年卯二月

内藤頼卿の遺言状の本書

頼卿からすれば、内外ともに多難な時代にありながら自身が病弱のために思うような藩政が展開できなかったことを悔い、急養子として永井左京を後継者と決め（のちの藩主頼由）、家中一統の繁栄と継続を願ったのである。享保二十年二月十七日三十五歳の若さで死去している。

内藤頼由の金給制廃止

享保二十年(一七三五)に内藤家を相続した永井左京こと内藤頼由の前半生は、藩内における財政問題を集中的に解決するために政務に邁進《まいしん》している。元文《げんぶん》二年(一七三七)十二月、頼由は家中藩士に対して、従来の金給制を廃止して俸禄制を採用することを沙汰した。俸禄制とは家臣に支給する扶持を米で与えることをいう。

家中宛行《あてがい》★は先年より無足以下の下級藩士の場合は金給制であったが、米と金銭では時と場合によって違いがみられた。藩士は皆同じ領主に仕えているのに、このような差別があっては好ましい状況ではない。このことは先代頼卿公時代からのことではあるが、近年米相場が良くないので実施を延期してきた。しか

▼宛行
家中藩士に一定の年限中に支給する扶持米。

し、公儀発行の金銀の吹き替えがあって金給者は難渋し藩から扶助を実施したが、来る春より文字金《ぶんじきん》★の通用があるので一層安定するであろうから、先代からの遺志を継承して金給者は格式によって俵数で支給することにする。

とあって、具体的に金高を俵数に変更している。金一〇両取りは三九俵（約一三石）、金九両取りは三六俵、金八両は三三俵、七両は三〇俵、六両二分は二八俵というように一二通りに分類している。

さらに頼由は家中藩士に三季物成渡しなどの改正も実施している。従来、家中藩士への物成（給米）支給は一度に与えていたのを、元文三年から三季渡しに改正し、寛保二年（一七四二）に扶持方渡し方の規定の改正を実施した。延享二年（一七四五）の支給方法の追加、安永三年（一七七四）の渡し方の新規実施など続々と財政政策を心懸けている。なお、三季渡しとは扶持支給を春・夏・暮れの三季に分割して支給する方法である。

▼文字金
元文（一七三六〜一七四一）・文政（一八一八〜一八三〇）年間に貨幣の表面に「文」という字を刻んだことによる。

藩主長好の領国生活

寛政元年（一七八九）閏六月、五代藩主長好は参勤交代によるお国入りを初めて許され帰国している。

長好は明和八年(一七七一)四谷下屋敷で誕生し、安永五年(一七七六)十二月満五歳で藩主の座についた。このため、治世は家臣にまかせ、公務御用も藩重臣が専ら中心となって実施し、公儀への出仕も満十五歳になった天明六年(一七八六)になってからであった。

寛政元年閏六月二日江戸上屋敷を出立し、七日に高遠に到着しているが、長好にとっては高遠での生活は聞くもの、見るものすべてにわたって珍しく、到着後直ちに領内に精力的に出ている。

江戸上屋敷での生活は味気ないものであると共に、自由さがなく、四六時中人とのつき合い、その上公儀の触れによる統制や大目付による監視もあり、充分に手足を伸ばしてくつろげる状況ではなかった。反対に、領内ではわずらわしさは一切なく、自身のやりたいと思うことはいつでも可能であった。江戸では味わえないものがあるだけに、少年藩主長好にとっては毎日が楽しみの連続であった。

閏六月二十三日川下郷芦沢村・大嶋村河原の三峯川の川干しを見るため、午前十時に城を出て午後八時ごろに帰城した。この時通り道となった城下の鉾持町・下町・中町・本町・下里町の町民は各戸ごとに水打桶を出し、帰るまで行灯《あんどん》をともしている。二十六日には春近郷殿嶋村の川干しのため朝八時に出て、帰りは午

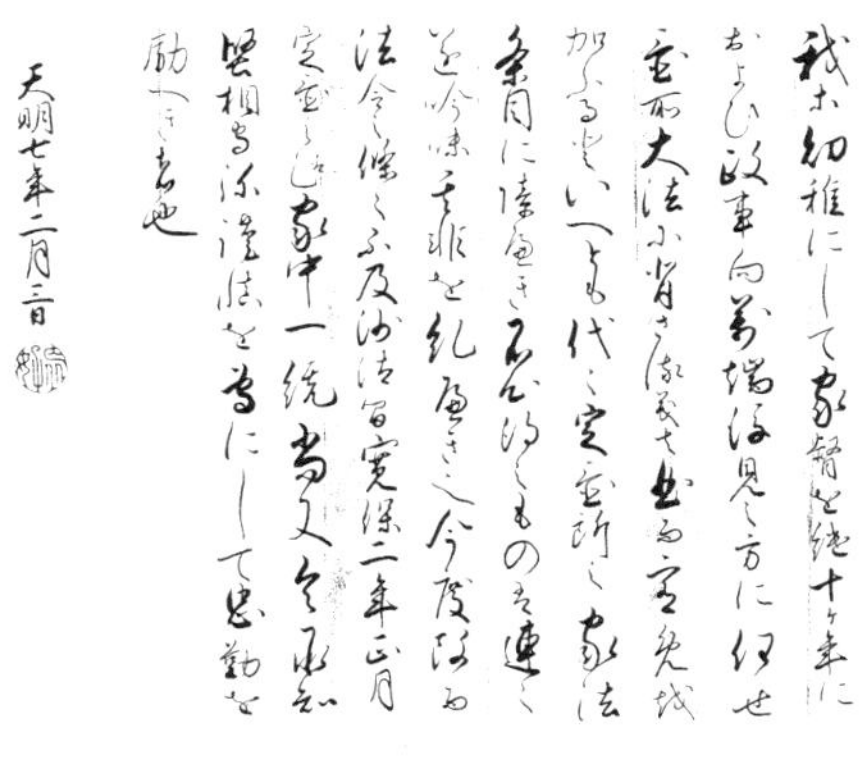

藩主内藤長好の施政方針

後十一時となった。この時も城下の各戸は行灯を出し、弁才天《べざいてん》橋には松明《たいまつ》を点じて出迎えた。七月朔日には川下郷西町村の天龍川の川干しに出かけ、帰りは真夜中になり、同月六日には天神山に登山をしている。

七月十一日は天龍川沿いの宮田村・表木村の川干し見物、十七日には小原村辺に出かけ、帰路は見張り人足の通報で町家の軒先に点灯された。二十一日は三峯川の山田村河原の川干し、二十二日は三峯川の勝間村河原での花火見物、二十五日には六道ヶ原に遠乗りし、二十七日には笠原村に遠出し、八月三日には山田村辺、六日には桜井村辺、十三日は福地村辺に出かけている。八月二十四日より九月十日までは領内の廻村を行い、九月十一日は六道ヶ原で家中藩士の鉄砲調練を見学し、九月二十三日から十月二十三日までは五回にわたって新山村、月蔵山での猪狩りを行い、十月二日の時は熊・猪・むじなが一頭ずつ獲物としてあったといわれる。

このように藩主がしばしば外出することは結構ではあるが、長好の帰城が夜間になるたびに町民が行灯をつけて待つのであるが、その時間がまちまちで待ち時間や灯油など不必要な時間や経費がかかりすぎるという不満が出た。そこで町役人★は藩側と相談して、出城の日は町方で見張りの人足を雇い、三峯川の上殿嶋村、中沢郷方面に出た時は小原垣外に、川下郷方面の場合は芦沢垣外まで戻った

▼町役人
高遠城下町では町方三役と称し、問屋役一人、名主役二人であった。一般的に町役人というとこの三役をさした。

時に見張り人足が城下の丁代に急報してから点灯し、弁才天橋を通る時は勢利町の町民が松明をつけることに決定したのである。

このように、藩主の外出にあたってその対応におわれる町民の苦労や諸費用はかなりの額になっていったものと思われる。

博学多才な殿様頼寧

七代藩主内藤頼寧《よりやす》はなかなか博学多才な殿様であったといわれる。

天保二年(一八三一)三月、藩儒中村元恒の建言をいれ、城内の法堂院曲輪に高遠城の戦いで戦死した武田氏の家臣仁科盛信の霊を祀り、三月朔日を祭日と定めて新城神とした。また、元恒に学問の興隆を命じたが、自身も佐藤一斎《いっさい》★の教えをうけ、その門人河田八之助を小川町の上屋敷に招いて教えをうけ、藩士への講義もしばしば聴講し、長子頼愛《よりあき》(英橘《ふさきつ》)★をその門弟としている。文化年間、父頼以《よりもち》時代に上屋敷内に稽古場を設けた。師三人、生徒三百人を上限として四書五経、史記、左伝、文選を教授し、最低限度の学問を藩士に教育させる施設が完成した。若きころの頼寧もしばしば生徒の講読に耳を傾けていたという。

ハリスが公儀に対して日米修好通商条約の調印を要求したころ、頼寧は津藩

▼**佐藤一斎**
江戸後期の儒者。岩村藩重臣の家に生まれ、藩主の子が林家を継ぎ、林述斉となると、その門人となり、のち塾長となった。渡辺崋山《わたなべかざん》、佐久間象山《さくましょうざん》、大橋訥庵《おおはしとつあん》など門人が多い。

▼**内藤頼愛**
天保六年(一八三五)十一月誕生。嘉永三年(一八五〇)十月、将軍にお目見得する。安政元年(一八五四)閏七月、二十歳で死去し、新宿太宗寺《たいそうじ》に埋葬される。

の藤堂高猷《とうどうたかゆき》★と共に将軍家定に当時の日米関係についての「上申書」を提出したが、御側衆の本郷丹後守はこれを黙殺した。しかし、松平忠優《ただまさ》が外国応接使林大学に返牒してハリスの要求をいれたことから頼寧と高猷の上申書はようやく採用された。また、西洋流の兵備訓練をみて日本の兵備の後れを悟り、藩内の軍備を西洋流に改変して藩士に訓練させ、領内での演習を見学したという。

頼寧の時代は外国勢力の接近、国内社会の変転著しいころであったから、諸侯と密接に交際し時勢を論じたが、その中で最も緊密な交際をしたのが越前福井の松平慶永《よしなが》、三河吉田の松平信宝《のぶたか》★、伊勢津の藤堂高猷であったし、薩摩の島津氏も小川町上屋敷に来邸することがあったという。さらにこれら諸侯としばしば江戸近郊に遠乗りを行い、四谷の下屋敷（のち中屋敷に格上げ）には花木が多かったので、春は諸侯を招いて宴を開き（これを春季の饗宴といった）、接待掛として江戸城内の坊主を招いて接待させたともいわれている。

頼寧は書画も能くしたが、書は関県治に指導をうけ、唐様の書流に秀でていたので子の頼愛の教育を関に依頼している。関はまた詩文にも長じていたため、頼寧の師河田八之助と共に四谷下屋敷内の風景をめでて詩を賦したという。藩士の中にも書の秀者がおり、御家流の三沢友次、神官の村瀬隼人、長尾流の井上又蔵がいた。画については頼寧は特に花鳥図を好んで画き、その影響をうけて藩士の

▼**藤堂高猷**
幕末維新期の伊勢津藩主、文政八年（一八二五）に襲封、天保・嘉永の凶作、安政の大地震、農村の窮乏、藩財政の危機にあたってよく治政をほどこしている。

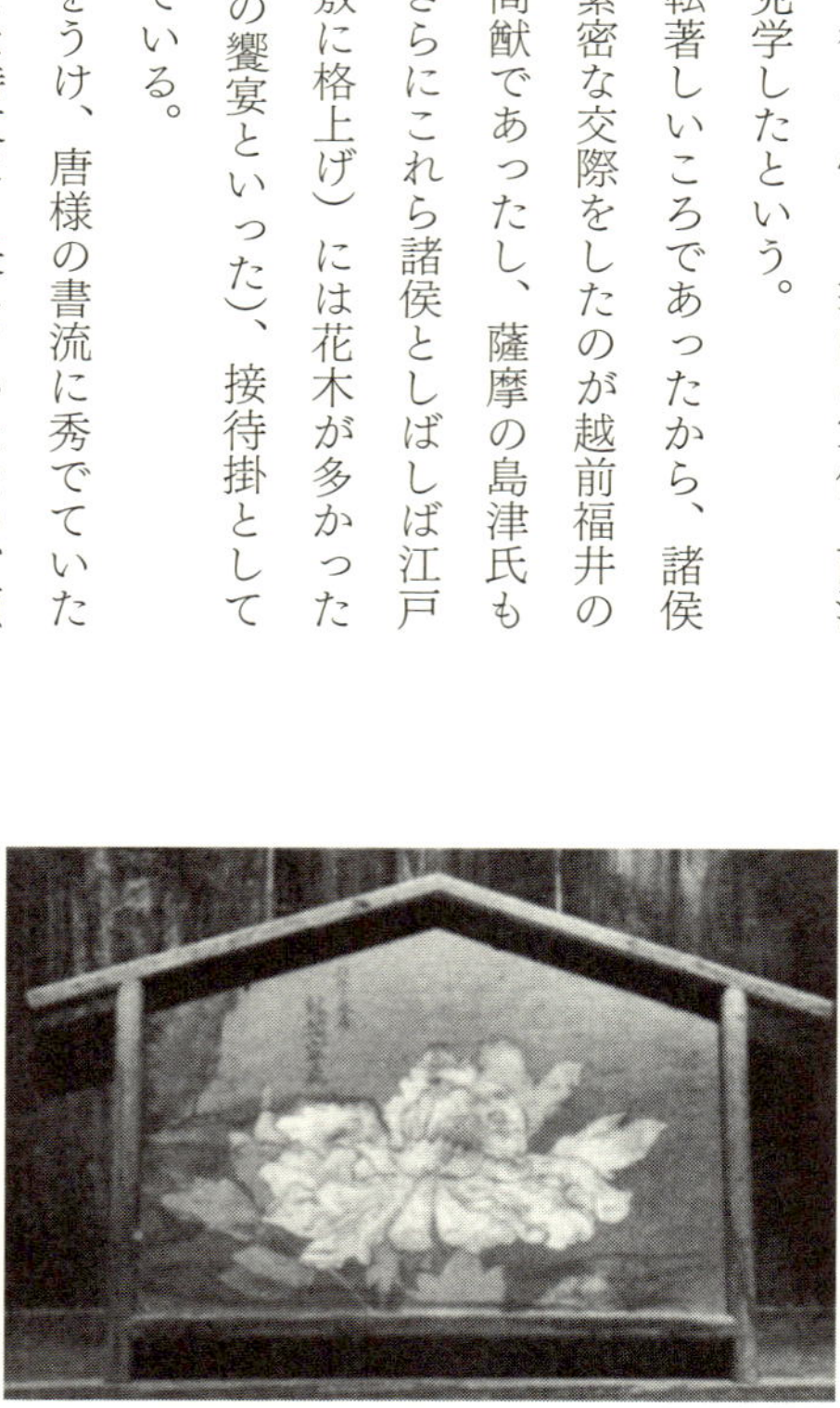
内藤頼寧画

▼**松平信宝**
三河吉田（豊橋）藩主。老中松平忠順の子。天保十三年（一八四二）十二月から約二年、藩主となっている。

中にも名士が少なからず存在したという。また、和歌や俳句を好み、頼寧の正室央子《えいこ》、長女の銀子も和歌に堪能であったから藩内で盛んとなり、九口堂永機《くこどうえいき》は常に上屋敷に出邸して頼寧を指導し、藩士中にも修練する者が多かった。

また、謡曲や能楽を好み、藩内の能楽を観世流から宝生流に改め、常に上屋敷に能楽師を招いて演じさせ、諸侯を招待して観能させ、その際藩士の御用人以上と、典医と奥坊主のみに見学させている。さらに参勤交代で帰国する時も能楽師を同行させて高遠で能楽を演じさせている。能楽は毎年正月五日に藩内で謡曲始めの式を行ったほど盛んであったから、藩士中にも謡曲に秀でた人物が輩出し、観世流の大和田利右衛門★、中山忠右衛門★、宝生流では逸見《いつみ》牧太が最も優秀であり、逸見は謡曲の他に仕舞囃子★にも熟達していたといわれた。

藩内では茶道も盛んであったから、頼寧も茶器を含めて珍品を賞翫し、公儀の長崎奉行とも交際して琉球焼の茶器、飛騨奉行と交際して飛騨の春慶塗の器具を手に入れている。これらの茶器や器具を賓客の宴に用いて賞美させたり、領内に漆樹を藩営で植栽させて漆器を製造している。この漆器は美観はないが堅牢で永持ちしたので、諸侯の求めが多かったという。

頼寧が江川太郎左衛門英龍《ひでたつ》邸に赴いた際、横浜に泰西（西洋のこと）写真術のあることを知り、わざわざ横浜に出かけて自身の写真撮影をさせたり、おおいに

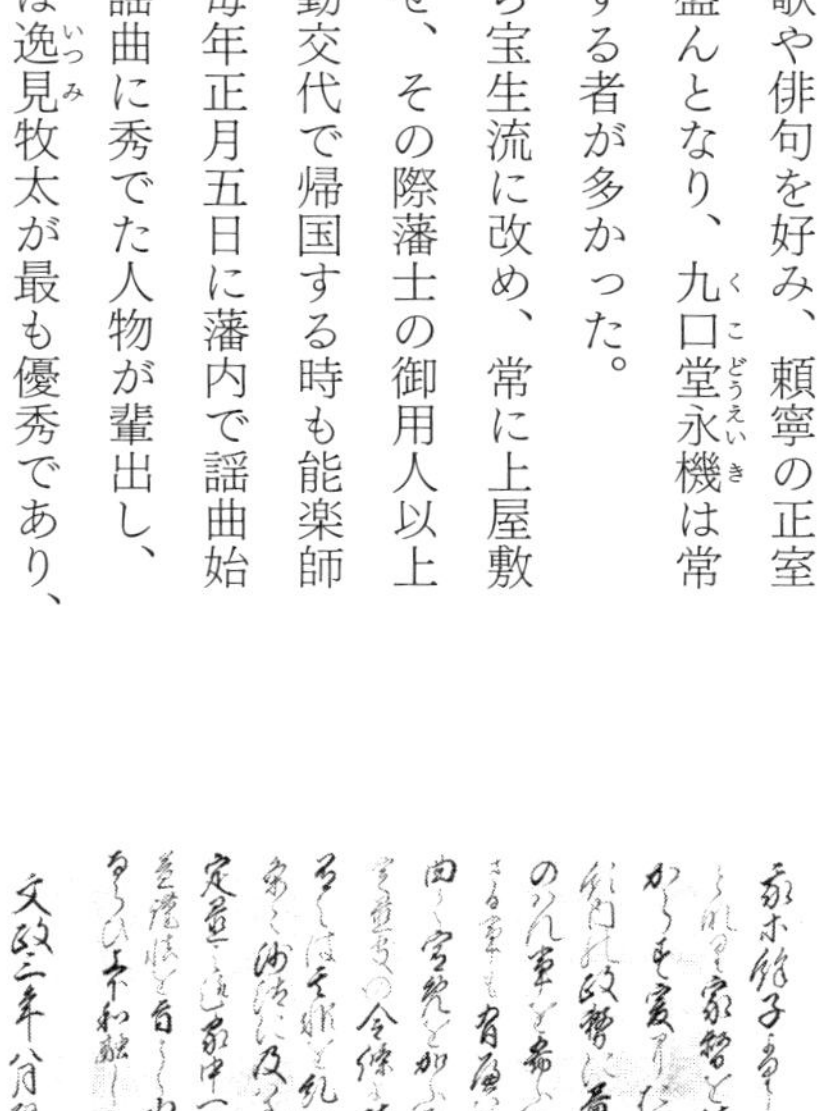

藩主内藤頼寧の施政方針

▼大和田利右衛門
御供方徒士。

▼中山忠右衛門
徒士身分。御林竹藪吟味役、代官兼御供番役。さらに分一方《ぶいちかた》（町方からの税徴収役）、のち代官になる。

▼仕舞囃子
能の略式演奏の一つで、能の主要部分のみを抜き出して囃子を入れて行う。

洋風を賞して西洋食の麺包《めんぽう》（パン）の軽便で軍用に適するのを見て、厨房司に命じて製造させ、参勤交代の道中で、それを従者一同に与えて味わわせたこともあった。

食物も珍味をえらび、諸侯との交際も頻繁であったから、調理の巧みな藩士をえらび、食膳には常に新鮮な物を用いるように指導させたので、厨房司の星野善右衛門は江戸の料亭「八百膳★」に行き調理術を修め、おおいに饗膳の改良を加えたという。また、江戸の銀座から銀の大黒天像を当たりくじで貰いうけ金座より同様に金の大黒天像を得たのは奇瑞《きずい》★として、甲子日には内宴を催したという。

深川下屋敷には大きな池があり、海水を注入して多くの魚類を育ててしばしば魚釣りの遊びをし、諸侯を招待して魚釣りの遊びに興じ、他邸に招かれても魚釣りを楽しんだから、頼寧の魚釣りは有名となった。このため、頼寧を慕う諸侯は池に多くの魚類を放ち、頼寧の来邸を待つほどであった。頼寧より権力のある諸侯は、池の魚に前もって餌を与えておいて頼寧が来邸して魚釣りをしてもかからないようにして困らせたという。

諸侯との交際があったため、頼寧の葬送時には和泉橋に屋敷のあった藤堂高猷は特に藩士を出して葬送の行列を警備したといわれる。また、角力行司の木村庄兵衛が多額の借金に苦しみ、行司役を全うすることがままならぬことをきいた頼

▼八百膳
江戸八大料亭の一つ、といわれる。

▼奇瑞
めでたいことの前兆としての不思議な現象。

寧は、庄兵衛の借金を肩代わりして用立てたので、庄兵衛は生涯行司役を全うすることができた。そのため、庄兵衛は頼寧の死後しばしばその墓所を訪れて冥福を祈り、墓を拝したといわれる。

頼寧はこのように博学で、多くの才能や学識を持ったまれにみる藩主で名君として知られている。

内藤家の墓

④ 家臣の活躍

記憶力によって藩の危急を救う家臣、自身の境遇を背景に文学に打ちこむ家臣。
自身の砲術研究により西日本にその名をとどろかせた坂本天山の登場。
絵画・文学などの文化や、専売政策などで経済を発展させて藩の名声をはせる。

山下是右衛門の記憶力（溜池火消役事件）

高遠藩の公儀御用は大坂加番役・公儀火消役・江戸城御門警備役・同二の丸火消役・方角火消・寺社警備役・奏者番役など多くあり、江戸城御門警備役のうち外桜田御門番の警備が最も多かった。

御用の場合は給人格の番頭が責任者となって番目付が補佐し、その下で一二人の番士が門衛所に詰めた。門番は他藩の藩士と相役で十日ごとに交代し、一年間の警備にあたったが場合によっては連続することもあった。しかし、藩主が就封で帰国する時、病気、上屋敷の焼失などの際は免除された。

宮家・御三家・御三卿《ごさんきょう》が桜田門を通行する時は、警備の士は全員砂利の上で、老中・若年寄の場合は板の間でいずれも平伏して送迎した。将軍の場合は警備の藩士は全員退去し、武器など門衛の用具を除いて藩主のみが砂利の上で平伏敬礼して送迎した。

享保十七年(一七三二)外桜田御門番の最中に「溜池火消役事件」が発生した。それは警備中に桜田門内にて火災が発生して火消役が駈け付けて消火にあたったが、この時責任者である溜池の火消役某が他の火消役よりも一番遅く現場に到着した時には鎮火したあとであった。このことが老中★の知るところとなり、火消役某は役目の怠慢を追及された。ところが火消役某は「外桜田御門が閉鎖されていたから、開門まで待っていて遅れた」と答弁したので、その責任が当時外桜田御門警備の高遠藩にあることになって、藩主頼卿が公儀より責任を追及された。

藩主頼卿は直ちに警備の藩士を集めて事情を聴取したところ、藩士たちは全員「出火と同時に開門し、溜池の火消役が到着する前に閉門した事実はない」と回答した。

この時、勤番の藩士の中に山下是右衛門という記憶力の良い藩士がいた。出火と同時に開門し、枡形張番所の下で御門を通過する火消役を見ていた。是右衛門は通過した順番をすべて記憶しており、第一番は何組の某、第二番は何組の某と先着順に名前をあげた。そして数番目に溜池の火消役某が通過したと藩主に答えたので、頼卿は是右衛門の言をそのまま老中に上申した。老中は通過した順番に

▼老中
この時の老中は、松平乗邑《のりさと》、酒井忠音《ただおと》、松平信祝《のぶとき》、安藤重行と同格の松平輝貞であった。

本人にあたって調査した結果、山下是右衛門の発言と全く同様であったから、高遠藩の落ち度とならず、溜池火消役某はけしからぬとして罰せられた。一方、藩主頼卿は面目をほどこし、山下は藩主より賞を下賜された。

砲術家坂本天山

天山は延享二年(一七四五)坂本英臣の子として誕生し、藩士が父の教えをうけるのを見て幼児より学問に志したという。

二十二歳で家を継承し、明和四年(一七六七)藩主頼由の許しを得て大坂で荻野流砲術を学び、同七年と安永二年(一七七三)の両度には藩主に従い江戸に出て儒学を学び、帰国後日夜努力して儒学に通じた。藩政にも直接関係し、治国・治天下・経世済民★の実現を期し、出府した時に荻生徂徠《そらい》の高弟大内熊耳《くまじ》に師事し、人情を重んじ、詩文を能くした。天山の学問は易学を基礎とし、人事や自然界の全事象を追究し、証明したものであった。その家塾であった「槃澗塾《ばんかんじゅく》」は盛大をきわめ、教えをうける者は跡を絶たず、門弟の数も枚挙にいとまがなかったという。

また荻野流砲術も勉学し、その改良努力によって独自な天山流砲術を編み出し、諸藩に先がけて砲術の優秀さを証明した。天山は大筒を鋳造して「周発台」を発

▼経世済民
世を治め、民の苦しみを救うこと。

坂本天山肖像

明した。これは水平角度一八〇度、仰角六〇度の変位を容易にすると同時に、即座に定位置に復させられる便利さをもっていた。さらに新鋳造の大筒を用いて六道ヶ原で試射を行っている。

天明三年(一七八三)郡代となった天山は藩政立て直しに意欲的なところを見せ、川下郷御薗村と上牧村に堤防を築き、子弟教育に励むなど努力したが、反対派の乗ずるところとなって郡代の座を追われ、閉門・蟄居《ちっきょ》★の身となった。しかし、閉門の三年間におおいに勉学し、三年のち三男の鉉之助《げんのすけ》に家督を譲って隠居し、故郷を去って西国に新天地を求めた。

諸藩の家老と交遊し、畿内の各藩、西国の長州・大村・平戸藩に招かれ、天山の教えをうける藩士が天山の膝下に集まった。天山最後の地は平戸藩であった。

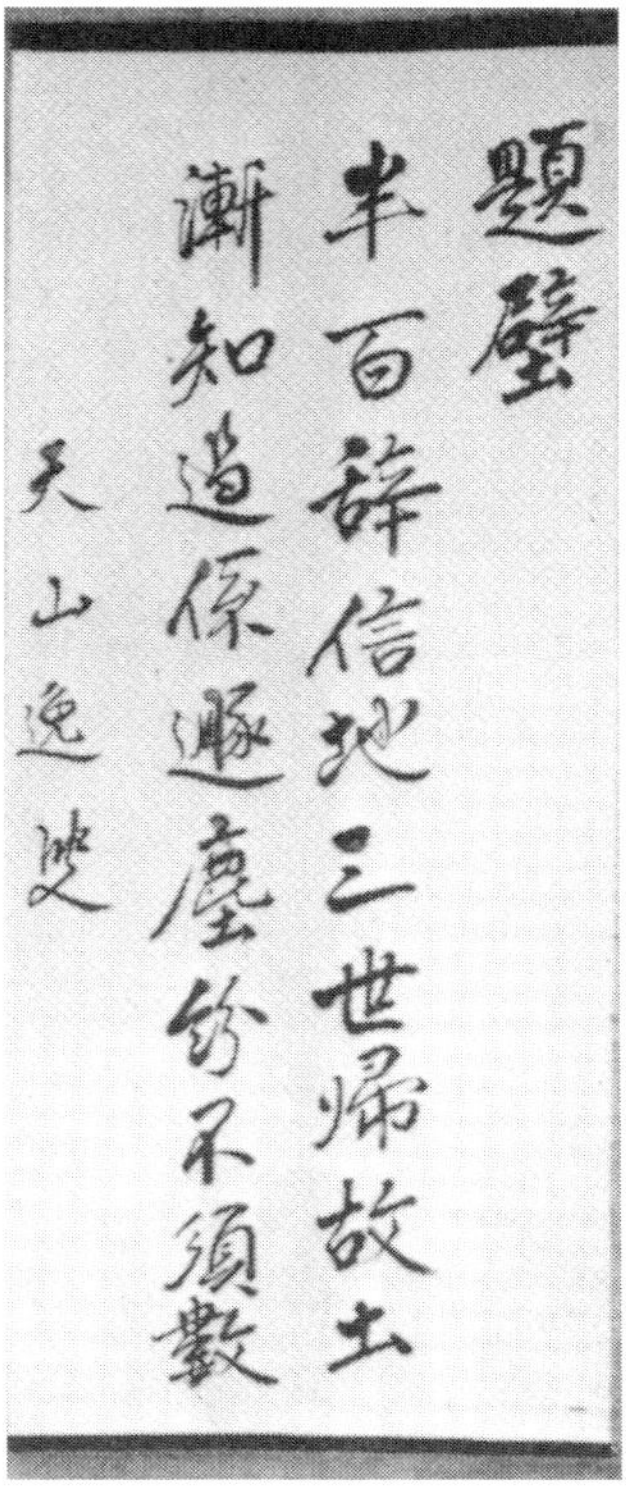

坂本天山筆蹟

周発台

▼蟄居
武士に課せられた刑罰の一つ。自宅の一室で謹慎する。

家老の長村鑒《あきら》とは水魚の交わりであり、教授法は素晴らしく、生徒も能く修得した。周発台のテストは成果をあげ、藩士はその優秀さに感嘆するばかりであったという。天山は藩の優遇に応えるため、平戸藩の地理的条件から城を守るための新式大砲の鋳造を目的としたが病に倒れ、家老の長村は長崎から名医を招いて治療させたが薬石効なく、五十九歳の享和三年(一八〇三)二月長崎で死去し、墓は長崎の皓台寺《こうだいじ》と高遠の峯山寺《ほうさんじ》にある。

天山の孫弟子には浅田宗伯《そうはく》★・伊沢修二★・中村元起・中村弥六★・海野幸成★・馬場凌冬《りょうとう》らがおり、教えは後世に受け継がれた。

小山郡太夫の『高藩探勝』

この『高藩探勝《こうはんたんしょう》』は寛保三年(一七四三)四月、藩主頼由の命によって小山郡太夫林成(御先手物頭格御取次番)が当時の高遠藩領内の景勝の地五二景を画くことによって完成した三巻の絵巻物に仕立てあげられたものである。

この絵巻物にやはり藩主頼由から命をうけた藩士の城戸十蔵勝政(御用人)と浅利粂右衛門信尹《のぶただ》(御側用人)の二人が、五二景の絵にマッチする五二首の和歌を詠じているが、その画題と和歌も小山郡太夫によって巻中に収められている。

▼浅田宗伯
漢学者。父の遺言によって医学を志し、幕府の命によりフランス公使の病を治癒させて名声を馳せ、将軍家茂を往診。和宮、大正天皇の侍医となり、有名な浅田飴の創始者でもある。

▼伊沢修二
音楽教育の基礎を築く。二十歳で藩の貢進生として大学南校(のちの東京大学)に学ぶ。二十五歳の時、米国に留学を命ぜられ、帰国後、東京師範学校(のちの東京教育大学)、東京音楽学校(のちの東京芸術大学)、東京盲唖学校の校長を歴任。のち台湾総督府に招かれ、台湾の教育に力を尽くした。「仰げば尊し」は伊澤の作曲と言われている。

その画題と和歌の例をあげてみよう。

野笹《のざさ》の五月雨

しげりつる野笹はなみのみだれ芦　舟よせぬうらに五月雨のころ

満光寺の葵《あおい》

かみ山のめぐみをそへてふたば草　みのりの庭に咲くもたのもし

殿坂の夕照《せきしょう》

ゆう日かげてりそふなみにうちわたす　橋のゆききのそでもかはりて

そして、同じく藩士市江三郎右衛門利政（御用人兼御留守居役）が絵巻物の成立の由来を記した跋文《ばつぶん》★が巻末に添えられている。その跋文の内容は高遠の歴史と高遠城周辺の自然の景を述べ、絵巻物の作者が城戸・浅利・小山であるとし、藩主頼由が「独り其の美を擅《ほしいまま》にするを惜しみ、臣小山林成に命じてこれを図ぐ」と結んでいる。

『木下蔭』の作者葛上紀流

安永八年（一七七九）藩士葛上《くずかみ》半之丞（源五兵衛）忠昭（号紀流）によって『高遠地名木下蔭』三巻が完成した。

▼中村弥六
中村元起の四男。国会議員。林業方面に活躍し、中国革命で孫文を援け、フィリピンの独立運動を支援した。

▼海野幸成
通称喜左衛門。九四ページ参照。

▼跋文
あとがき。

紀流は延享《えんきょう》元年(一七四四)近習見習、同二年御側勤、宝暦元年(一七五一)御小納戸役、同三年近習目付、同八年御用人、同十一年若殿頼多《よりかず》★付、明和八年(一七七一)再度御用人となるも役儀召上げ（理由不明）、安永元年逼塞《ひっそく》★を許されて在所勤めの御番方筆頭、天明七年(一七八七)御用人、寛政二年(一七九〇)城番兼年寄となるも遠慮を申し渡されて隠居した。

作品『高遠地名木下蔭』は安永元年二月帰国し、御番方筆頭として活動中に書き留めたもので、在任中自身の耳目に入ったことを聞き捨てるに忍びず、雨の夕暮れ、雪の埋れ火によって書き綴っている。土地も狭き場所であるため、「多くは里老の茶呑み話、臼挽く賤の女」がいうことを虚実取り交ぜて聞いたこととして集め、そのために「松の葉の木の下蔭」と名付けたと「はしがき」で記している。

紀流自身が伝聞したことを自由にまとめたこの作品は一種の随筆ともいえる。一つの事柄を知ると同時に、それに関連する和歌・俳諧などを添え、寺社に残る縁起や碑文、古文書ものせている。往古の高遠領内の記録・話題・伝承など多くを紐とき、こまめに書き、集め、記録したことがわかって興味深く、紀流の文才の鋭さ、国学者としての素養、和歌や俳諧の才能の豊かさを、そこここにうかがうことができる。

▼内藤頼多
尾張徳川宗勝の八男。寛保元年(一七四一)三月江戸に誕生。宝暦十一年(一七六一)三月内藤頼由の養子となる。同年五月九代将軍家重に謁し、明和八年(一七七一)十一月江戸にて死去。二男一女を得る。次男長好はのち藩主となる。

▼逼塞
刑罰の一つ。武士・僧侶に失態・手落ちなどがあった時に課せられた。閉門よりは軽い。

殿坂の夕照

後年、藩によって新田開発が行われた真菰《まこも》ヶ池については、その伝承をまとめながら

かれもせず真菰ヶ池に古き世の　その名を残すおしのひとりね

と詠み、また、金井とひきじの分かれ道にあった塚を見て、この塚の西側を穢《え》土《ど》ということを聞き、これに自身の過ぎ去りし生涯をあてはめ、藩によって逼塞の身となった境遇を和歌にたくして

我もいつ終の煙となりぬらん　身にこそしらね限りある世に

と詠んだ。いつ自身がこの世を去るかもしれない。それだけに生命ある今を懸命に生きようとする葛上紀流の心境をあらわしたものといえよう。

重臣岡村菊叟の殖産興業

藩では地元の資源を活用して商工業の振興を企画して、藩財政の立て直しを計画すると共に、領内の殖産興業の必要性を痛感するところとなって、重臣の岡村《おかむら》菊叟《きくそう》（十郎兵衛忠輔）の建言によって天保三年（一八三二）二月城下に産物会所を設置し、産物方の役人をおいて産業の発展を目指した。

百姓に農閑期を利用して薬草を採集させ、これを甲斐・駿河・尾張などに移出

岡村菊叟肖像

し、その代替に茶・砂糖・綿などを移入させ、綿で木綿糸・木綿織を製作させ、資金に乏しい者には資金を貸し付けて生産させた。また、楮の苗木を無料で配布し、これを栽培させて川下郷笠原村・芹沢村に資金を貸与して楮を原料とする笠原紙の生産を実現させている。弘化《こうか》年間(一八四四～四八)には江戸より猪口屋九兵衛を招いて高遠焼の再興を計画した。「高遠焼」は文化九年(一八一二)藩主頼以《よりもち》が月蔵山麓より城内に水を引く導水用の土管を焼くために、高遠花畑の山崎屋伝十郎を美濃国多治見村の加藤治兵衛のもとに派遣して技術をうけさせたのが契機とされている。

さらに菊叟は京都西陣を視察して職工の神宮安五郎を高遠に移住させて、屋敷内に工場を建設して綾羅《りょうら》・縮緬《ちりめん》・絹・羽二重の機織りを始めさせ、のち産物会所内に機織所を設けて神宮安五郎を長としておおいに絹織業の発展に寄与し、また甲斐より絹織工を招いて黒八丈★の研究も実施している。

天保九年(一八三八)幕府の巡見使が高遠領を巡見した際に、随行者が高遠の特産物を要求したので、藩役人が綿絹・加比丹《かびたん》★・木硯・高遠焼などを一覧させたところ、加比丹を購入したという。

▼黒八丈
縦糸にくらべて、横糸がやや太い、黒色無地の厚手の絹布。

▼加比丹
縦糸に染め糸、横糸に白糸を織りこんだ薄地の織物のこと。オランダから伝えられた縞織物。

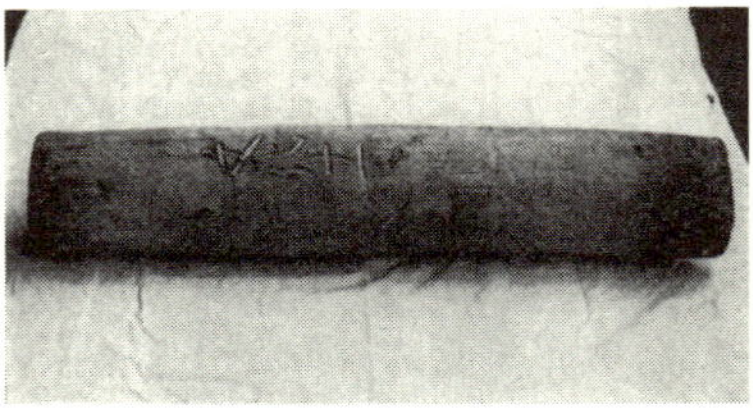

高遠焼土管

学者中村元恒・元起父子

中村元恒《もとつね》は安永《あんえい》七年(一七七八)上穂村の医家に誕生し、父から医学と儒学を学び、十五歳で坂本天山の名を知り、川下郷山寺村より高遠城下まで約一〇キロの道を徒歩で月六回の往復を四年間通って勉学し、皆勤であったという。

寛政八年(一七九六)から十年までは医学・詩文・儒学を深め、享和《きょうわ》元年(一八〇一)には再度上洛して京都で猪飼敬所に儒学を、中西鷲山《しゅうざん》に医学を学び、文化元年(一八〇四)から上穂村で医業を開業するかたわら著述を始めた。同五年箕輪領大出村に移って学習の道を深め、先哲九人★を理想として崇拝し、九人の長点を求め、住居を「九一亭」と名付けている。

文政七年(一八二四)元恒四十七歳の時に高遠藩主内藤頼寧は元恒を招いて十人扶持で儒官に採用した。高遠藩では専門の医業と儒学を指導して藩の学問を司り、常に藩主側に侍して毎月定日に城中で経書を藩士に講義し、月次《つきなみ》★講釈には徒士以上の士や藩主頼寧も時には出席したといわれる。

天山の学問に傾倒して高遠の学問を完成したが、その学説は実用を学び、利用厚生の道を説き、当時の士道の頽廃を歎いて『尚武論《しょうぶろん》』★を著述して国体を明

▼先哲九人
坂本天山、荻生徂徠、新井白石、中江藤樹、熊沢蕃山、貝原益軒、伊藤東涯、猪飼敬所、太宰春台の九人を指している。

▼月次
月ごとの定日。

▼尚武論
武芸や軍事を重んずる意見、考え方。

中村元恒肖像

らかにし、百姓が文弱に流れるのを戒めた。人びとの長所を生かす教授法をとり、才能教育に意をそそぎ優秀な人材が輩出したから、「元恒の門下に棄材《きざい》★なし」とか、「藩に人あるは元恒の功なり」と称されたという。元恒の学は藩主頼寧も激賞したが、こうした栄達をにくむ者の讒言《ざんげん》にあい、頼寧はついに元恒一家を黒河内村泉原（和泉原）に流罪とした。

藩士某が「今の時代の生活の道は」と問うたのに対して、元恒が自給自足のためには「屯田の制★」の必要性を説いたのを、藩からは若者をそそのかして徒党を組み、藩に弓を引く陰謀とみなされ、学を禁じられた。流罪中に群書博覧に努め、一生中の集大成として『蕗原拾葉《ふきはらしゅうよう》』★一五〇巻五四冊を完成し、蔵書も多く、その目録は一万一千巻を数えた。しかし、流罪中の生活がたたり、嘉永《かえい》四年（一八五一）に他界した。

元恒の次男元起《げんき》は父と共に流罪となった。のち城下に戻ったが、その間に中村学は衰退し、復学は不可能となったため、自身の学問深化のため安政《あんせい》二年（一八五五）出府して幕府の昌平坂学問所に入学した。中村学と昌平坂学問所の林学とは異なったが、林復斉は元起の依頼に応えて高遠藩学の復興と藩校設立を藩主に進言すると共に、元起を藩校師範に推薦した。藩主頼直は復斉の進言を採用し、父頼寧の念願であった藩学確立の望みを達成するため、万延《まんえん》元年（一八六〇）閏三月

中村元起肖像

▼棄材
役に立たない人間。

▼屯田の制
武士が土着して、平時は農業に従事し、非常の時は従軍すること。

▼『蕗原拾葉』
歴史書で特に郷士関係の文献を収集し、校訂した書。嫡子元起が朝廷に献上、紅葉山文庫（八五頁）に所蔵された。

に藩校進徳館を設立したのである。

『蕗原拾葉』

元恒筆　「農婦」

⑤ 藩校と文化

徳川吉宗・青木昆陽・伊能忠敬など幕府の文化政策を支えた高遠藩の協力。

国学、俳諧、心学、儒学などにすぐれた家臣、領民が登場する幕末の藩の状況を垣間みることができる。

進徳館の教育精神は多くの逸材を生み、維新後は政財界、教育界に成果をあげる。

享保十九年の産物書き上げ

享保十九年(一七三四)八代将軍徳川吉宗は『庶物類纂《しょぶつるいさん》』の増補事業を開始した。『庶物類纂』は日本の動植鉱物を集成し、分類検証を行った博物学的内容をもつ画期的な業績であった。この書物は当初、金沢藩主前田綱紀《つなのり》の保護のもとに、元禄十年(一六九七)から開始され、本草《ほんぞう》学者稲生《いのう》若水《じゃくすい》の手によって三六二巻まで著述したところで若水は病没して未完成となった。綱紀は門下の藩医内山覚仲《かくちゅう》に編纂させたが綱紀も没したため、将軍吉宗はその書を金沢藩より献上させ、幕府の官撰事業として若水の門下であった丹羽《にわ》正伯《しょうはく》らに編纂させた。

幕府は全国の庶物を集成するにあたって、「国々の産物、その名、その形状をとふことあるべければ、公領は代官、私領は領主・地頭、寺社領はその主管によりかさねてさとしをくべしとなり」と命じて、各国の産物を報告させた。この全国からの報告と紅葉山文庫《もみじやまぶんこ》★所蔵の豊富な典籍を用いて抄出し、六三八巻を補足して元文《げんぶん》三年(一七三八)に合計一〇〇〇巻を完成した。その後さらに遺漏を補なって五四巻を増補して延享《えんきょう》四年(一七四七)に終了した。

高遠藩では幕命に従い、領内村ごとに産物や動植鉱物などを調査させて提出させ、そこに書き上げられたものを藩役所が一括して「産物帳」を作成して幕府に提出した。十八世紀初頭に高遠藩領内にどのような産物や動植鉱物が存在したかを知る貴重なものといえよう。その一例を稲類についてみると、高遠藩領内の農業経営の一端を知る好資料といえる。

早稲　白早稲　青早稲　赤早稲　やようか　羽広早稲　かうはし早稲　武田早稲　てら早稲　山室早稲　にらのもと　雉の尾　原山早稲　越後早稲　その早稲　伊勢早稲　たか早稲　善光寺早稲　こごま早稲　出羽早稲　丹羽早稲

中稲　ばんどう　みつけ　しらは　よほ　越中しらば　よほしらば　ふたふし山しらば　山のひ　大玉　甚右衛門こぼし　金井しらば　白河　こぼうし伊勢丸　ふたほ

晩稲　かづか　西国　ぜうこく　かるこ　そぎ　いぶか　目黒　こぼれ　えみ松坂　福島　よそじろ　奥州　えひらく　小出ぼ　おほ目白

▼紅葉山文庫
江戸城内におかれた書庫。慶長七年(一六〇二)に設置された富士見亭文庫を寛永十六年(一六三九)に城内紅葉山に移した。蔵書は現在国立公文書館にある。

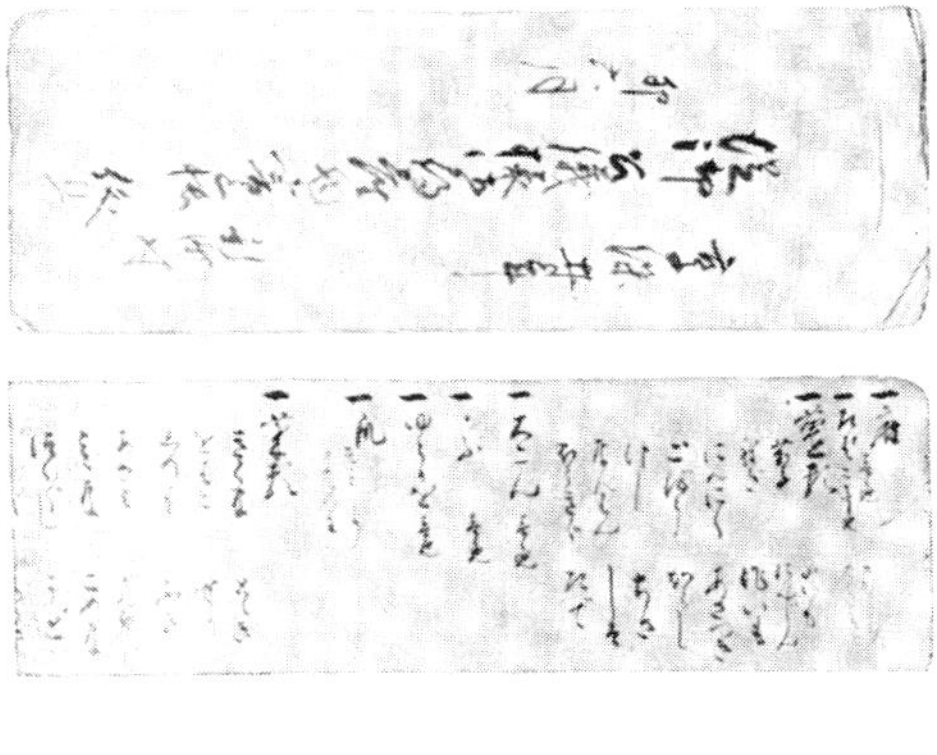

新町村の産物書上帳

餅稲　地玉　大地玉　赤穂（清水餅）峯くだり　細餅　白羽餅　をぎそ　黒餅（烏餅）壱本餅　最上　ねりきん　えび餅　小野餅　よほ餅　みだり越後　そぎ餅　加賀餅　かすけ餅　づくね

青木昆陽の古書調査

元文五年（一七四〇）八月、幕府から寺社奉行大岡忠相《ただすけ》・牧野貞通《さだみち》など四人、勘定奉行水野忠伸《ただのぶ》・神尾春央《かんおはるひで》★など四人の名で、飯島代官所大草太郎左衛門政永《おおくさたろうざえもんまさなが》★を通じて、寺社奉行支配の青木文蔵（昆陽）が甲斐・信濃両国内の書籍・書付・旧記・古文書類の取り調べに出向くので、古書の披見・書写・預かりをさせてほしいという内容の通達が届いた。

通達をうけた藩は町方三役を通じて説明し、町人にも通知して趣旨の徹底をはかった。その結果、下町の富屋善兵衛が武田勝頼「朱印状」など三通を所持することが判明した。

青木昆陽の一行は寛保元年（一七四一）松本藩の調査を終えて木曾路から妻籠宿を経て清内路峠《せいないじ》★を越えて飯田に入り、飯島から天領の箕輪領を通って六月晦日に高遠城下に到着した。藩役所から提出された城下と領内からの古書類を調査した

▼**神尾春央**
勘定奉行、検見取（一一五頁参照）の導入や流作《りゅうさく》場の開発など強力な年貢増徴策の断行で有名である。流作場とは河川や湖沼地の堤外にある新田をさし、幕府はその地より一万五〇〇〇両の臨時収入を得たという。

▼**大草太郎左衛門政永**
代々代官職につき、政永は享保十八年（一七三三）八月、代官となる。寛延元年（一七四八）九月に死去する。

▼**清内路峠**
下伊那郡清内路村と木曾郡南木曾村との間にある峠で関所があった。

結果、古文書二四通と棟札一枚が集められ、これを昆陽が江戸に持ち帰り、翌二年十二月に幕府より戻され、藩役所を通じて所有者に返却されている。

青木昆陽の城下宿泊にあたっては昼夜番や自身番をつけて警戒し、接待や送迎に気をくばり、食事には特に注意と配慮を払ったという。調査を終えた昆陽は八月朔日午前六時に出立し、諏訪を経て八月九日に江戸に帰府している。

伊能忠敬、高遠領を測量

伊能忠敬《いのうただたか》は延享二年(一七四五)に誕生し、十八歳で伊能家の養子となった。養子先の伊能家では家運の恢復に努力し、天明の大飢饉にあたっては窮民を救済し、寛政七年(一七九五)には江戸に出て高橋至時《よしとき》★の門人となって天文学を学んだ。天文の知識を得た忠敬は実費で蝦夷地の測量を行い、幕府に献上した。これを契機に全国測量を計画し、享和元年(一八〇一)から文化十四年(一八一七)までの十七年間にわたって日本全国を歩き、終了すると直ちに地図の作製にかかり、業半ばにして死去したが、弟子の手によって全国図が完成した。これが著名な『大日本沿海輿地《よち》全図』である。

伊能忠敬が伊那谷を訪れたのは文化八年で、この年は諸所の小街道の測量であ

▼高橋至時
江戸中・後期の天文学者。寛政七年(一七九五)幕府天文方となり、寛政暦を完成。のち西洋天文学の移入に努めた。

った。三月七日測量の先触れが高遠城下に届けられた。城下町役人は忠敬に面談のため三河足助《あすけ》まで遠路を訪ね、測量にあたっての相談を行っている。

忠敬の一行は九日に下伊那の浪合《なみあい》に到着し、春近郷宮田宿の孫蔵が出迎え、十一日には城下町役人が飯田城下で挨拶をしている。十二日には宮田宿と上穂宿の宿民が大嶋宿に出迎えている。十四日に忠敬の先行組が諏訪形村に小休後松嶋宿に止宿し、学者中村元恒は一行の長であった坂部貞兵衛に面会した。忠敬本隊は宮田宿に小休後伊那部宿に止宿し、この時城下の町役人は「高遠城下町方書上」を提供した。十五日に忠敬は測量をしつつ高遠城下に宿泊したが、この時城下町役人は人足一〇〇人を負担している。

忠敬が城下に止宿中、藩役人の池上金右衛門は一行の絵図掛役人の青木勝次郎から天文についての話を聞いている。十七日に先組は伊那街道を北上して上伊那郷平出宿に泊まり、藩は人足一〇五人を負担した。忠敬一行は十七日に高遠城下を出立して御堂垣外宿に泊まり、十九日に出立して甲州街道金沢宿に向かった。

高遠藩領の国学

藩領内における国学者としては、藩士の岡村菊叟（岡村十郎兵衛忠輔《ただすけ》）と城下

伊能忠敬肖像

伊能忠敬の地図（部分）

鉾持神社の神官井岡良古《りょうこ》の二人があげられる。

岡村菊叟は早くから父の影響をうけて国学と和歌の道を志し、のち江戸に出て幕臣岡正武に国学と和歌を学び、さらに国学者前田夏蔭《かいん》に師事し、源語・万葉集の講義をうけ、これらの縁で考証学者栗原信允《のぶすけ》、歌人井上文雄、植松茂岳らと交遊した。菊叟は国学者として本居宣長の学風を慕い、特に国語学方面に造詣《ぞうけい》があり、語源集として『詞叢《しそう》』という著書がある。時代の趨勢もあって菊叟は和歌の教養に尊王論を色濃く取り入れ、しばしば勤王の士を庇護隠匿して幕吏の追及から救ったといわれる。

文久《ぶんきゅう》三年(一八六三)放浪の俳人井上井月《いのうえせいげつ》★が菊叟を訪問した際、井月の乞いによって

　角兵衛が太鼓をすてなくくいなどり

の一句を作った。また、国学者としての片鱗をうかがわせる一句として晩年に残した

　藪おきて咲いても菊は喜久の花

があげられる。菊叟は国学者であると共に、和歌・俳句にも優れ、一方政治家としても手腕を発揮し、殖産興業を発展させた。

また、井岡良古《りょうこ》は洗馬郷本洗馬村の出身で十八歳の時に志をたてて諸国をめ

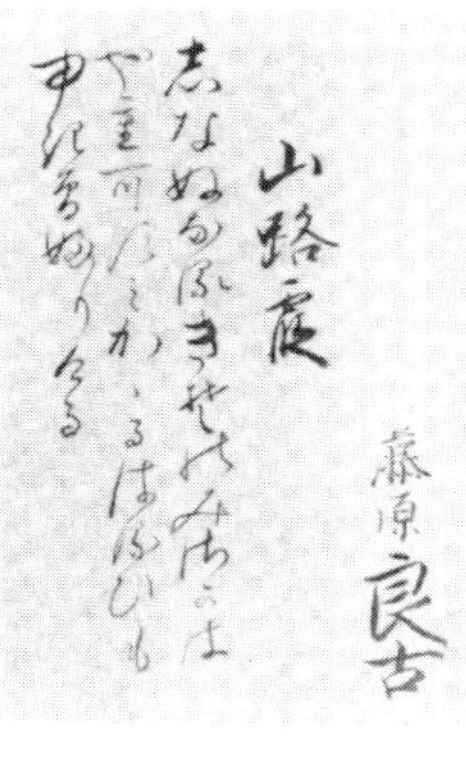
井岡良古書

▼井上井月
越後長岡の生まれ。生涯の前半期の生活、両親、親族など一切不明。安政五年(一八五八)より明治二十年(一八八七)までの三十年間は生涯一所不在の漂泊俳人、乞食井月といわれる。著作に『越後獅子・家づと集』がある。

ぐり、各地の国学者・神道家を訪れ、その年月は十九年におよんだという。当初、伊東元績《いとうげんせき》より吉川《きっかわ》神道を学び、因幡《いなば》で衣川長秋に出会って学説を聞いてよりそれまでの学説を捨て、本居宣長の古学研究を行うために天草に渡り、ここで本居大平の門人上田源太夫の知遇を得て天草で国学館を開いて多くの門人を教育し、二年後に高遠に帰り、三十二歳の時に鉾持神社の神官井岡盛典の養子となった。良古は古学に造詣が深く、和歌にも秀で藩主頼寧に招かれ、国学と和歌を講じたという。

井月の句碑
落栗の座を定めるや窪溜り

　国学の流れとはやや趣を異にする吉川神道を中心として学を深めた人物として春近郷下殿嶋村の鳥原行家・通元父子がいる。行家は国学を好む一方吉川神道を学び、天保三年(一八三二)十二月に『皇国便草』を著作した。その自序の中では日本は神国であり、君臣父子の道を以て本となし、これが自然の大道であるとす

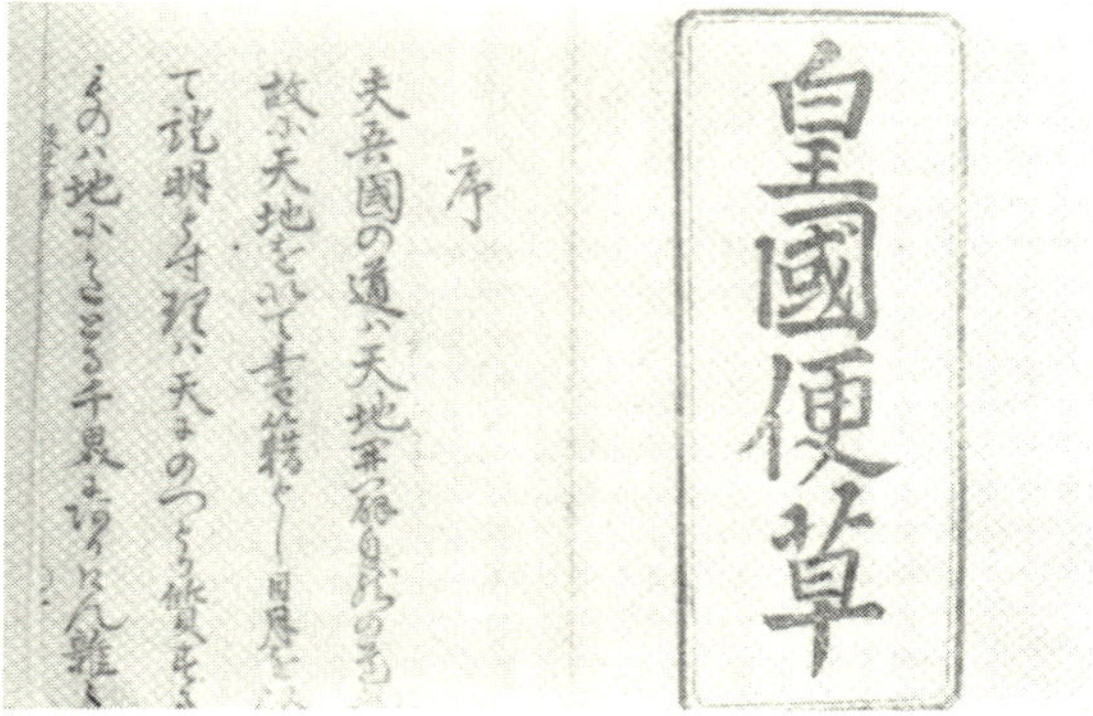

鳥原行家の書

る神道観にたち、吉川神道の秘書(「岩波日本思想大系」三十九)とされている。

高遠藩領の俳諧

高遠藩領の俳諧の始まりは、寛文二年(一六六二)に藩主鳥居忠春の大坂加番役に従った藩士が、大坂で隆盛であった談林派の俳諧を高遠にもたらしたことからといわれる。

明和四年(一七六七)の桐羽が編集した『歳旦帳《さいたんちょう》』には高遠の俳人として素杉《そさん》・露月《ろげつ》・子廓《しかく》の名がみえている。その後藩領では松尾芭蕉の蕉風派が隆盛となった。

藩士の葛上源五兵衛は俳号を紀流と号し、『木下蔭』の作者として著名である。この書には紀流の句や高遠の俳人が詠じたものが多数のせられている。しかし、俳諧の重鎮は同じ藩士であり俳号を哂我《しんが》と称した青山勝俊★であった。哂我が文政六年(一八二三)に『四方《よも》のむつ美《み》』を編纂しているが、この書は哂我の交遊の広

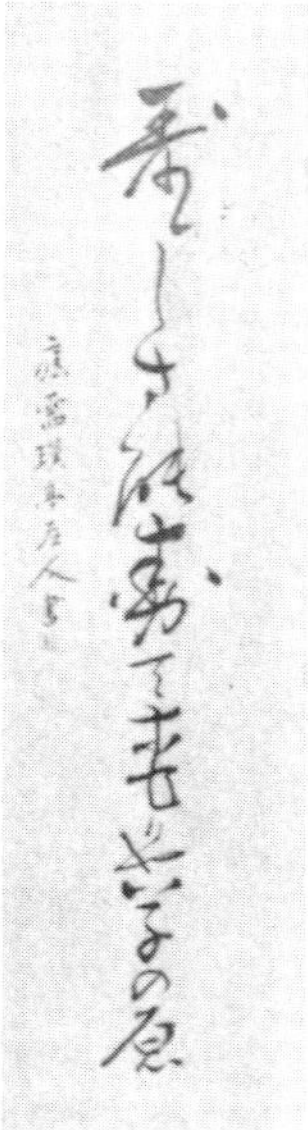
青山哂我の筆蹟

▼青山勝俊
勝羨《かつみち》とも称し、寛政十一年(一七九九)家督相続。文化三年(一八〇六)九月六日御取次役、御持長柄奉行。同十三年御先手物頭、文政五年(一八二二)持筒頭仮役、同八年御旗奉行兼帯、天保七年(一八三六)御勝手方となる。

井上井月の墓

さを物語るもので、記載されている俳人は全国にわたり、藩主頼寧（俳号桂風《けいふう》子《し》）、三河藩主で老中となった松平乗寛《のりひろ》（俳号青牛子《せいぎゅうし》）など多くの諸侯の名があり、巻頭には当時江戸の俳人流行絵師酒井抱一《ほういつ》（姫路藩主の子）の描くツワブキをのせるなど豪華本であった。

むらしぐれ餌蒔いそがしつるのこえ（藩主頼寧）
こぬにして捨てた夜なり時鳥（哂我）
分け入て仏拝まん秋の山（岡村菊叟）
どの山の桜に寝たぞ明烏（藩士安田新兵衛）

など藩主・藩士の句がのせられている。

幕末期には庶民階層の文化趣味や娯楽の主流として山間僻地に至るまで多くの俳人が輩出したが、川下郷御薗村で五人、同狐嶋村で四人、同平沢村で一二人、春近郷殿嶋村で一〇人、中沢郷福地村で三人などの例があげられている。

高遠藩領の心学

石田梅岩《ばいがん》によって創始された心学は門人によって全国に心学講舎が創設されて普及したが、高遠藩領では講舎の創立はなかったが普及はかなりみられ、文化十

星野葛山肖像

▼星野葛山
通称蔀《しとみ》（諱《いみな》は常富）。天明四年（一七八四）、江戸より高遠に移り、天山に師事し、天山より「郷里において只頼みとするは足下を以て第一とする」と書簡を送られている。藩の要職についたが、文化九年（一八一二）四十歳で死去した。高遠城の歴史を記した『高遠記集成』を著した。

年(一八一三)狐嶋《きつねじま》村の名主で藩の財政立て直しの中心人物となった北沢勝兵衛は一時江戸に出て曾根直次郎から心学を修め、帰村したのちの文政十二年(一八二九)に心学の書『積善録』を刊行している。

この『積善録』の巻末に曾根直次郎は跋文をよせているが、それによると直次郎は文政~天保期にかけて高遠を訪れ、領内の村々を数カ月にわたって巡村し、心学道話を行っている。天保五年(一八三四)十一月の記録によれば、同年十一月二十三日、上殿嶋村での講話には同村のみで三三〇人の人たちが聴聞し、同日夜にも同村で講話をし一八四人が聴聞したとあり、この聴聞に参加した人びとは戸主・女房・母・倅・娘・小作人など老若男女を問わず参会したという。

高遠藩の藩学

高遠藩では藩主頼寧が文政年間に領民の教化策のために、また自己の修練にも必要と学問を尊び、自ら小川町上屋敷に佐藤一斎の門人河田八之助を迎えて研修に励み、学問所設立の必要性を痛感した。

藩の学問は江戸の中根東平と高遠の坂本天山を両輪として発展してきた。両者とも徂徠学派の大内熊耳に学び、天山の門から星野葛山《ほしのかつざん》★・松田黄牛《まつだおうぎゅう》★・中村元《なかむらもと》

▼松田黄牛
漢学者、医師。安永四年(一七七五)高遠に行き、二十二年間天山より学問を学ぶ。文政元年(一八一八)に『周易玉契』を著して藩主に献上、士分に列した。

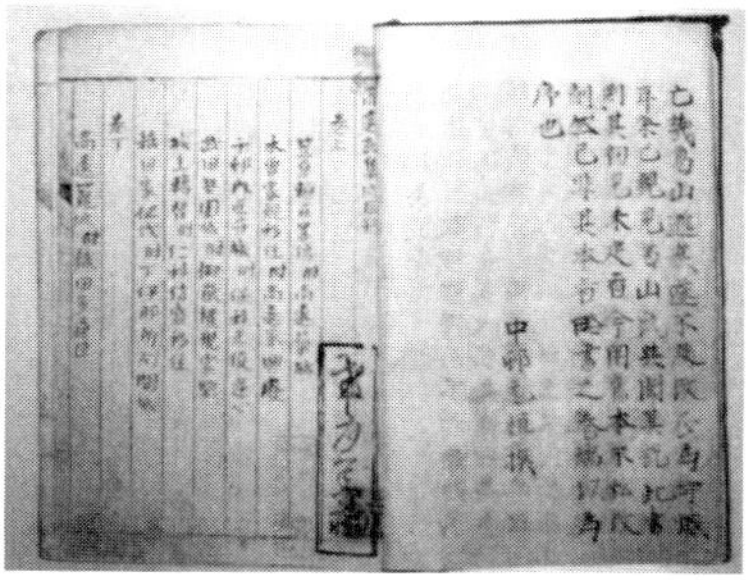
高遠記集成

恒《つね》・田中三渓《たなかさんけい》★らが出たが、なかでも元恒は木沢天童《てんどう》・猪飼敬所にも学んでいる。元恒の子元起は江戸に出府して昌平坂学問所で林家より教育をうけた。

当時、高遠藩では藩学の制度はなかったが、学者は学問に、武士は武芸に励むといった個人的な研修が盛んであった。中村元起はこの傾向の中で林家の奨めもあって学問所の創設を願い、具体化したのは八代藩主内藤頼直の時代であった。

藩校進徳館の創設

安政二年(一八五五)から三年にかけて出府した中村元起は藩主頼寧に学問所創設を懇願し、八代藩主頼直時代の万延元年(一八六〇)閏三月二十四日に目的が達成された。

藩主頼直は藩校設立を通達し、師範以下文芸・筆学・武芸などの役が決定した。師範役に海野喜左衛門《うんのきざえもん》★、師範代に小野寺藤右衛門など三人、助教に星野葛山・高橋白山《たかはしはくざん》★など九人、句読として野木捨三郎・神戸《かんべ》義勝など一四人、学事世話掛に荒木兵蔵など一〇人が任命された。ついで、二十八日に式典が実施され、老臣以下を従えた藩主頼直は学問所に臨席して訓示した。

松田黄牛肖像

▼田中三渓
資性聡敏で幼児より頭角をあらわし、わずかな疑問も典籍に照らして調べ、かりそめの判断をしなかった。文政元年(一八一八)四十歳で死去する。

▼海野喜左衛門
藩士。天保年間江戸に出て佐藤一斎に学ぶ。廃藩のち官に仕えず、専ら家塾によって教育をほどこした。

▼高橋白山
高遠藩士の子。中村元起に師事、のち尊王論を主張。論旨過激であったため追放。明治以後、彼の書は当時の教員の必読の書といわれ、教授法の元祖となった。

藩士ヲシテ孝悌忠信ノ道ヲ主トシ、儒学ノ本意ヲ失ハズ、実学専一ニ心掛ル様
ニトノ誠心ニ付、何レモ篤ト相弁ヘ、格別ニ勉強致シ、平常ノ進展モ礼儀ヲ正
クスベシ、少年ノ輩ハ勿論、年立候者共往々有用ノ人材ヲ成立シ度………又国
家有事ノ日何時出陣モ難計候間、平常武術錬磨、其際武功ヲ立テ、藩名ヲ穢サ
ザル様心掛可申候

要するに、有能な人材の輩出と実学を目指して教養を高め、緩急にあたって功をたてることを期待したのである。

藩は同時に、文武師範を新たに任命し、文学師範に海野喜左衛門など二人、筆学師範に荒木兵蔵★など二人、弓術師範に野木要人など二人、馬術師範に高田重四郎など二人、槍術師範に菅沼伝一郎、剣術師範に大矢貫治★、砲術師範に坂本孫四郎（天山の子）など二人、軍学師範に藁科勘左衛門、体術師範に小島治左衛門など二人と、文武優秀者より選抜して助教・世話掛を任命している。

進徳館の学則

また、別に施行上の細則ともいうべき規則が定められ、入所資格、授業時間、

高橋白山肖像

▼荒木兵蔵（久儔《ひさとし》）
関口流の柔術師範。文化年間（一八〇四～一八一八）目付格、郡代次席を経て御旗奉行となる。

▼大矢貫治
小野派一刀流剣士。幕末の千葉周作、木曽山村家の遠藤五平太は同門。当時「天狗遠藤、鬼大矢」とうたわれた。彼の門人に中村元起、伊沢修二がいる。

入所、教授、出欠席、手習いなどが大目付から告示されている。

資格は八歳より二十五歳までで、それ以上は本人の志次第とされ、給人以上は麻裃を着用し、朝八時に出所し、二十歳以上は午前十時からの出所とされた。無《む》足《そく》★は同様に麻裃を着用して午後一時に、二十五歳以上は午後二時三十分からであった。一カ月のうち四と九の日は休日とし、病気欠席は親が書類をもって給人以上は大目付に、無足は中小性目付に差し出し、両役がまとめて翌日師範に報告する定めであった。

手習いは八歳より十五歳までは毎日出席し、十六歳以上は個人の志次第とされた。手本は自由とした。机・文庫などの品々は本人が持参する。授業時間は十五歳以下は朝八時より十時までが素読★、十時より正午までは手習い、午後一時より三時までは復習する。弁当持参は本人の自由とする。少年の場合は十時より午後一時まで輪読★、午後一時より三時までは会読★とする。師範の講釈は月六回とする。出火（火事）の節は学問所に詰める。助教・句読の者で無勤者は詰める。無足・御供番以下の者は仕事もあるので、朝八時より正午までとし、午後は自由に解散してよい。書物は文学師範に預けておくので両人に断わり拝借すること、などであった。

当初三の丸学問所として発足したが、進徳館の名称になった時期は不明である。

▼無足
四九頁参照。

▼素読
書の意義を解することなく、単に文字のみを声に出して読むこと。

▼輪読
数人が順番に本を読み、解釈研究すること。

▼会読
二人以上が寄り集まって読書し、その意味を研究しあうこと。

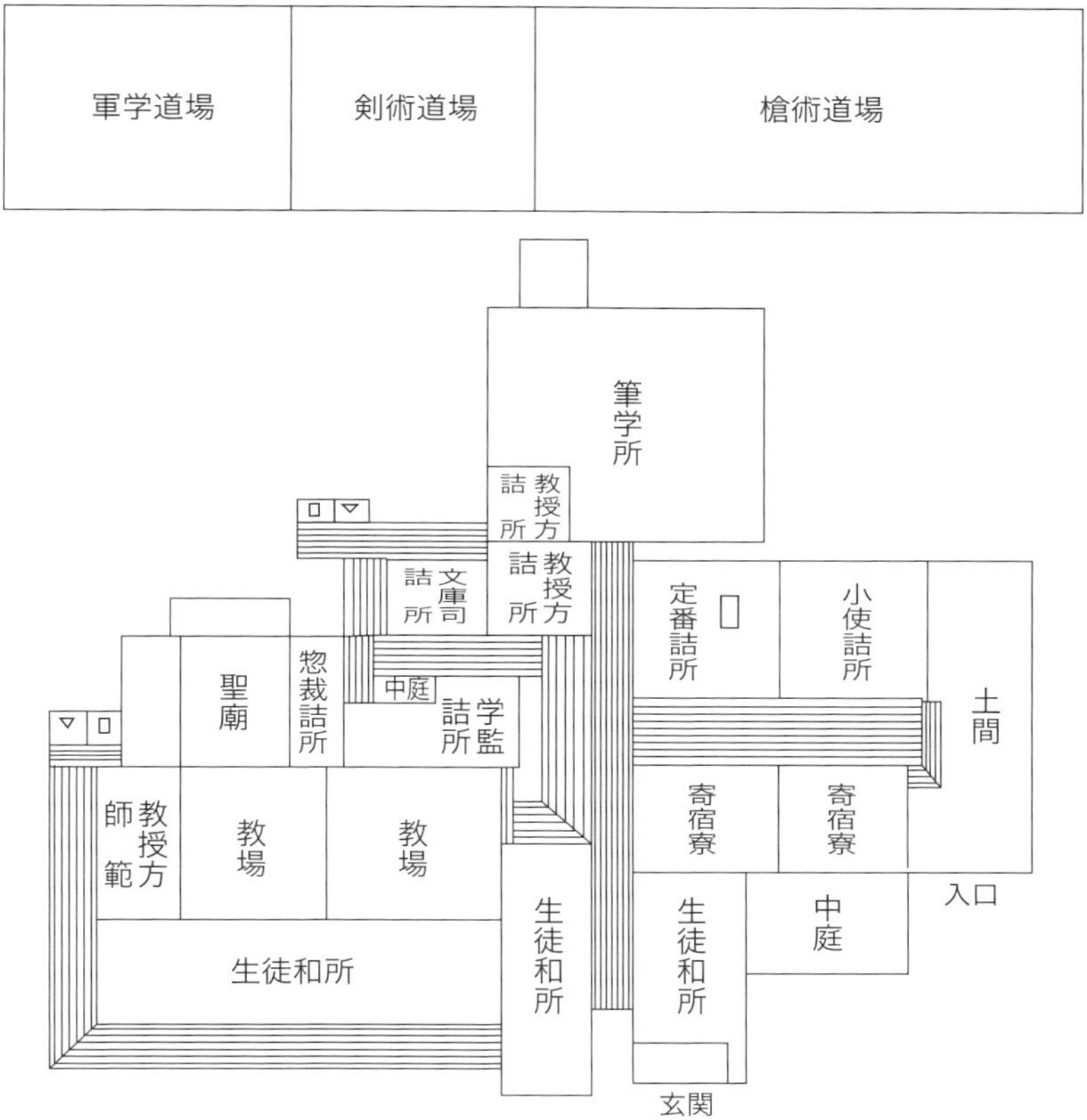
軍学道場
剣術道場
槍術道場
筆学所
教授方詰所
文庫司詰所
教授方詰所
定番詰所
小使詰所
土間
聖廟
惣裁詰所
中庭
学監詰所
教授方師範
教場
教場
寄宿寮
寄宿寮
入口
生徒和所
生徒和所
生徒和所
中庭
玄関

進徳館

学問所は家老の内藤蔵人宅の平屋八棟造りの屋敷を使用し、東北の隅に筆学所を設け、北裏に稽古場を造作した。しかし、手狭であったから特殊な課業は日割りで行い、特に武芸は教室難のため日を決めたが、それでは充分な効果が上がらなかったため、文芸・武芸などは師範の自宅でも教授したという。

旧高遠藩立学校調書にみる進徳館教育

明治期になり、旧高遠藩校の内容を報告した取調書が残されており、前述の施行上の細則にないものが克明に記されている。

「学業奨励法」によると、学業上達、年内皆勤者には物品を贈り、学識優秀者は召し出して一家として取り立てる。藩士の子弟は八歳になると必ず入学させ、藩費・私費で他国に遊学させる。また、月次の講義の制を設けた。

入学後は幼年（十五歳以下）は素読・習字・復習の順、中年（十五歳以上）は輪読・会読を行うという年齢制を採用し、生徒の発達過程に即応した等級制の萌芽をみることができる。輪読は生徒相互に講じ手と聞き手になって学習をすすめるもので、ともに集団的・協同的研究方法をとった。

教科書は四書五経の儒学の教典で、これを中核として『文選・唐宋八家文』などの詩文や和漢の書が多く、独読・会読・輪読された。藩校の形態は儒学の思想、歴史の教養、様々な詩文の教養を加えた文章の教育が行われ、これに「武」の教育を配した構成となっていた。

教育方法は、初学者は小助教、句読に学び、能力が進むと中助教、大助教（師範手伝い）と順を追って学び、最後に師範に学んだ。師範の教授法は学力の差のある生徒二人に教授するというもので、講義をうけた二人は復習し、相互に質疑応答して勉学した。

別に定めた日には助教らの経書の講義もあり、生徒が一斉に聴講する教育もあった。十時になると高齢者は学問所の北の稽古場へ、幼年者は学問所続きの筆学所で習字に励み、残るわずかの者は復習を続けた。筆学所での手本は教師の筆蹟によるものを用いている。

教科は大別して漢学・筆学・習礼・武術・兵学で、のちに和学・筆学★が加えられ、洋式の兵式訓練の科もできた。明治四年（一八七一）には洋学所が採用され、教師二人と規則ができた。高遠藩での洋学は英文典、地理書の類を勉学した。信濃各藩の藩校で洋学が採用されたのは松代藩と高遠藩のみといわれている。

授業は、(1) 生徒は校内外にて行儀を正し、礼儀を尚び、軽薄の風を禁じ、信義を以て交わる。(2) 生徒は一〇人、または一五人を一組として時間を定めて同

▼筆学　書道。

時に一組ずつ教授する。(3) 時間は九時より十二時までと、午後一時より四時までとし、この時間に遅刻した者は当日の講義は受けられない。但し、同組の者からは教えをうけられる。(4) 毎月末に読書済みの箇所をテストし、名札の順序を訂正する。(5) 春秋二度大試験を行い、優劣を決めて等級を定める。(6) 怠惰や過失がある場合は直ちに廃学（退学）させる。(7) 三カ月間に欠席二〇回になると廃学とする。但し、公用と病気は除く、などと決められ、かなり厳しい教育方法がとられていた。

第三章 城下町の発展と町政

自然を利用した町づくり、町方も町民融和に活躍。

① 城下町の機構

自然の地形を利用し、河岸段丘上に位置して町づくりを行い、中世からの寺社門前を中心に町の発展をみる。城下町の発展は領内外より来高の豪商に依存することが多かった。

城下町の構造

高遠では戦略上寺社を建立した事実はないが、すでに位置した寺院を防衛拠点に利用したと思われる。戦国期に東に向いていた大手門を西側に移し、城下町を見おろし、同時に下から見上げた場合、城郭の堂々たる風格を見せるような場所に移動した。城下町の発達条件が城の造りを変化させたのである。

藤沢街道★から城下町に入る場所に満光寺を移し、その門前をT字形にして左折すれば城門よりの道路にT字形で合流し、この地点から右折して一直線に道路を延ばし、突き当たりを右折して鉾持《ほこじ》神社前に達し、左折すれば鉾持《ほこじ》桟道《さんどう》★から伊那方面へ達する形に新設し直した。建福寺門前もT字形にして右折すれば満光寺前に達し、左折すれば袋小路に入る構造とした。大手門から下って藤沢川を越え坂

▼藤沢街道
藤沢郷御堂垣外宿より高遠城下町までの道路で、別名金沢街道ともいう。

▼鉾持桟道
城下町と笠原村や芦沢村との間にあって、山のきりたった崖などに棚のように設けた道路で、しばしば山崩れがあった。

図４　幕末期の高遠藩家中配置図

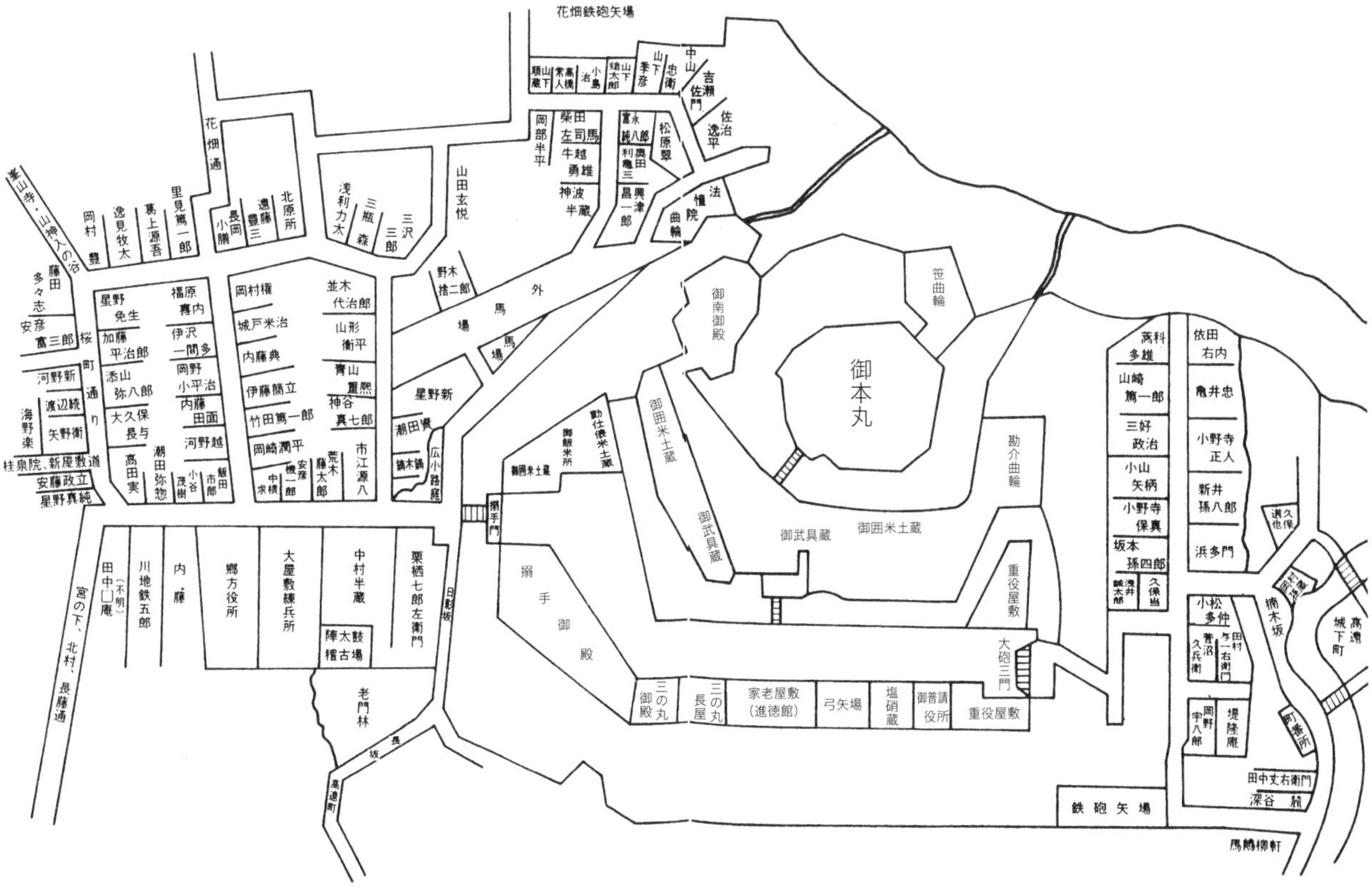

道を登って鉾持神社社前までを城下町の中心として、本町・中町・下町をおいた。

藤沢街道から城下町に達する直前に足軽屋敷をおき、清水の湧出する場所があることからこの間を清水町として、旧道と新道を結ぶ横道一帯を横町と名付け、本町から坂道を下り藤沢川に達する地域を下り町（下里町）とした。中央大路の中町と下町境を南に左折すると競《せ》り小屋があったことからセリ町（勢利町）とした。この競り小屋は藩の支配に属して馬の競りが実施された。また同町には牢屋敷もあり、間口一八間四尺、奥行一四間の敷地で藩の管轄であった。鉾持神社社前一帯を鉾持町といい、建福寺門前を右折して満光寺に達する両側を新町と称したが、これは鉾持古町に対して新規の町づくりをした場所から出たものであろう。

中央大路には問屋場・大商家・塩茶商人などの店があったが、問屋場は本町にあり、宿駅としての機能を持ち、指定された人馬を常備し、本陣をも兼ねていた。間口一三間、奥行四五間あって火災で何回か焼失したが、位置は不動で間口の広狭は多少の違いがあった。家屋は藁葺き・茅葺き・板葺きが多く、各々切妻を持ち、二階建てもかなり普及していたが皆低く、多くは連子《れんじ》★を持つ窓からなっており、二階から庇が出てその下に暖簾が下がっていた。間口は平均四～五間、奥行は平均二〇間になる商家が整然と並び、商家の裏には白壁の土蔵が幾棟も建てられていた。

大手門

▼連子
縦・横に一定の間隔をおいてとりつけた格子。

この中央大路を乗馬した武士が槍持・長柄持・挟箱《はさみばこ》★を持った若党・小者・馬口取りの従者を連れて通行したり、深編笠の武士、長い笈を背負う六部や巡礼、山伏、袈裟に身を包み供を連れた僧侶、荷を商う行商人、振分け荷物の旅人、天秤棒をかついだ棒天振、駄馬を引く馬子、赤ん坊を背負う子守などの姿がみられた。

高遠城の規模

高遠城は丘陵の西側にあり、城郭と月蔵山の間に存在した平地に武家屋敷をおいて居住させ、足軽屋敷を城下の清水町と入野谷郷板町村の近くに配置した。この足軽屋敷には弓・鉄砲・槍組などの組をおいた。上級家臣は城郭をはさむ形で家屋敷を置いた。

城下の下里町から藤沢川を越えた地域から「御家中」と呼び、その橋のたもとに番所があり、ここから殿坂・楠木坂を登りつめると大手門に達する。大手門には大砲三門を備えてあり、そこを進むと重役屋敷があって左側は御普請役所、塩硝蔵、家老屋敷があった。二の丸には御武具蔵・御囲米土蔵があり、さらに橋を渡れば本丸に達し、本丸や二の丸を右に見て先に進めば搦手門に達し、その先には武家屋敷が存在した。

▼挟箱
外出に際し、具足や差替え用の衣服を中に入れ、棒を通して従者に担がせた箱。

池上秀畝画く高遠城鳥瞰図

②城下町の町政

藩側の立場に立ち行政面で活動したり、領民の利益のために働いたり、町方三役は大活躍。

経済的裕福者である者は大部分が丁代として活動する。

厳格な身分制度を土台として選出される丁代の台頭。

町方三役

町奉行・町方支配・代官の管掌下に直接町政を執行したのが「町方三役」であった。三役とは問屋役一人、名主役二人の総称である。この三役に就任した町民は一五家で、このうち一三家までは仕送役・御用達・丁代に就任した町民で占められている。出自は内藤氏の入封以前からの城下居住者、近郊農村の出身者、新領主の入封と共に来高した（高遠に来た）者も含まれている。かつ三役とも、世襲的に就任した者、比較的早い時期に三役の地位から抜けた者、幕末期になって三役となった者などが存在している。

三役は当初名主役を担当し、その後問屋役に昇進する例が多く、直接問屋役となった者は近世を通じてただ一人であった。そして、名主役には幕末になると、名主見習→名主助役→名主添役を経て本役となるコースが存在した。これは藩の政策で登場しているが、理由は単に「含みの筋あり」によって任命されて理由内容は不明である。

三役には藩の任免によって就任し、しかも士分としての格式が与えられ、扶持米が支給された。藩側と一般町民との間にあって、町民には絶対的権力を持ち、藩には封建的支配の末端に位置して代官と直接結びつき、その補佐的立場にあった。そして、藩の分限帳の末尾に士分として記載されていたから、藩士としての格式を持つ身分的性格を強く持つ町民であった。

三役の役割

三役は城下町の町政全般にあずかり、公式文書の発行・受理、藩命の下達と意見の上申、行政事務、町民の諸問題や諸申請、町内出入りの解決などを担当し、月番制で町政を執行した。

寛政十年(一七九八)の「町役月行事控」によれば、三役の勤務すべき職務が詳細に記されている。

正月は年始と返礼、満光寺への仏参、献上物の差し出し、初市祭礼の祝儀請取

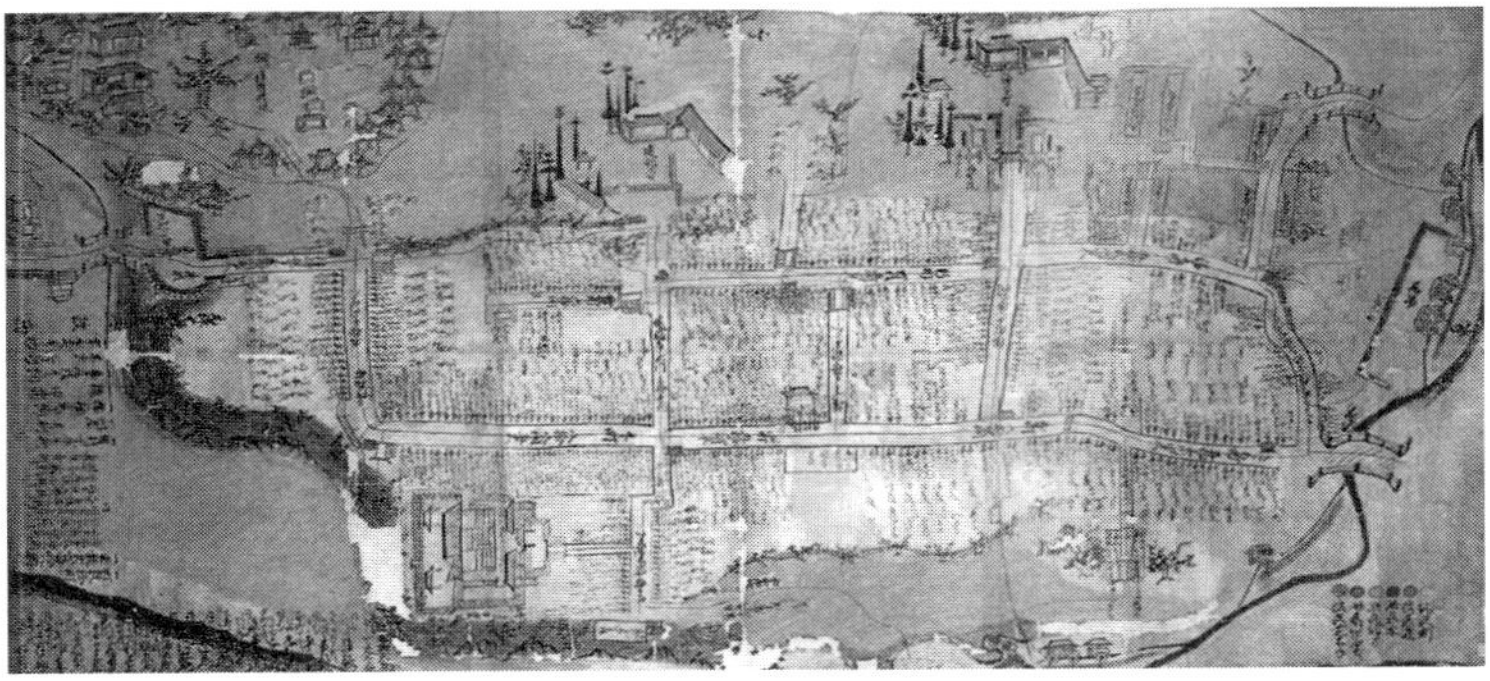

高遠城下町の地図

り、鉾持権現の日待ち、二月は役料扶持の半期分請取り、高遠城内稲荷への参詣、三月は宗門改めの触れと実施、馬競りの担当★、自身番札の引き上げ、四月は鉾持権現祭礼の執行、五月は蚕簀数の申し渡し、六月は牢舎者への扶持米と夜番油代の請取り、権現風祭り、町内夫銭割り、旅客調べ、七月は五人組条目の読み聞かせ、満光寺への代参、八月は宗門改め実施、郡代廻村への対応、九月は重陽のお祝い、十月は城下火消用具の改め、十一月は自身番札の申し渡し、在中百姓への年貢免状渡し、役料半期分の請取り、旅宿割り、十二月は木戸詰めと夜番の申し渡し、町方の夫銭割、牢舎者への扶持米手形の請取り、商職人の水役金徴収、五人組条目の読み聞かせ、年始登城者の名前書き上げなどであった。

▼馬競りの担当
馬競りは藩営で行われ、藩より祝儀が渡された。競りは問屋役が行い、小松惣右衛門の時代は問屋役の執務が停滞するほどであったという。

丁代の役割と入札

城下町には一〇の町があり、その各町の長を高遠では丁代（町代）といい、一町に一人〜二人が存在したが、清水町と袋町は一人で他の八町は二人役であった。丁代に就任した町民は御用達及び丁代のみに就任した町民階級が圧倒的に多いが、中には丁代を担当しながら町仕送役になった者もおり、先祖が丁代役を担当した町民もあれば、幕末期になって丁代となった町民もおり、町方三役と同様の変遷をみせている。

丁代階級は一方では町仕送役や御用達を兼務しているので、むしろ経済的に富裕であったといえる。天保三年(一八三二)に才覚金を上納した町民や、寛政六年(一七九四)に城下の津留番所を通過した米の持ち主が全員丁代階級であったことからも明らかである。ここに、城下町においては経済的有力者と、藩権力と結びついた政治的有力者との相違が明確に浮き彫りにされる。

なお、丁代は天保十四年から嘉永六年(一八五三)までは全町一人役であった。これは天保の財政改革以後の倹約令による削減であるが、安政元年(一八五四)以降は二人役が復活する。結局一人役は町内の取締りが行き届きかね、会所の閉鎖による月番宅での会合も、家族や奉公人の出入りで大切な用談に差し支えること、病気や他行の節の代人出しなどあって不都合であるとの理由で二人役に復帰したのである。

丁代の役務は当然町方三役の指令のもとで行政事務、宗門改めや五人組改めと監視、町内の寄合、自身番・木戸詰め、夜番町民の選択、藩命の下達と三役への上申、町入用費の割り振り、町民の日常生活、奉公人の世話、後見人の鑑定、売買証文や願書への連判など多くを執務し、組頭を指揮して町政にあたった。

丁代は入札《いりふだ》(選挙)によって選ばれた者が郡代・代官などとの面接を経て正式

城下町の様子

に丁代役となるが、必ずしも高札（最高得票）を得た者が丁代になるとは限らないし、任期は不定である。辞任は病気・老衰・事故、役儀の没収などの際は可能であるが、入札によって再度最高得票者になれば引退はできず、また藩命や三役の説得で継続することにもなる。このため、丁代になる条件は「家筋が正しいこと」が必須条件となり、戸主であること、五人組頭に就任した者、藩側に財政的援助を行う者、経済的裕福者が丁代となる条件であった。なお、藩より扶持米を支給されている者は藩側の人間とみなされ、丁代役には就任できなかった。

五人組

藩は領内支配の確立のために町と村に五人組を組織させた。そして、原則的に相互扶助や連帯責任をもたせて支配したが、城下町では毎年三月に町内の五人組改めを行い三役に届け出ている。さらに七月と十二月には城下五人組の者を集めて藩の法度・条目・覚書などを三役や丁代が読み聞かせて厳守させている。

このため、五人組の守るべき法令は実に詳細をきわめている。元禄十年（一六九七）の五人組条目をみると左のとおりであった。

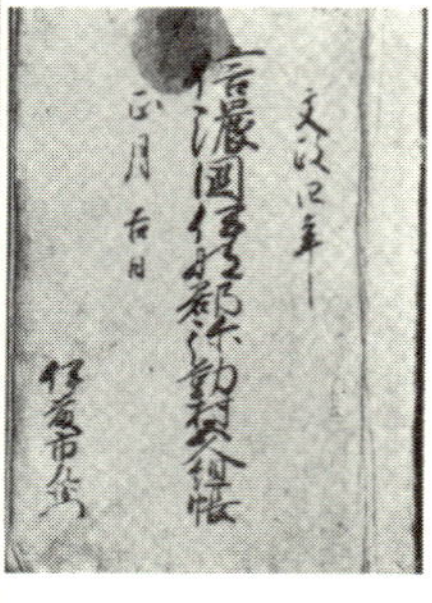

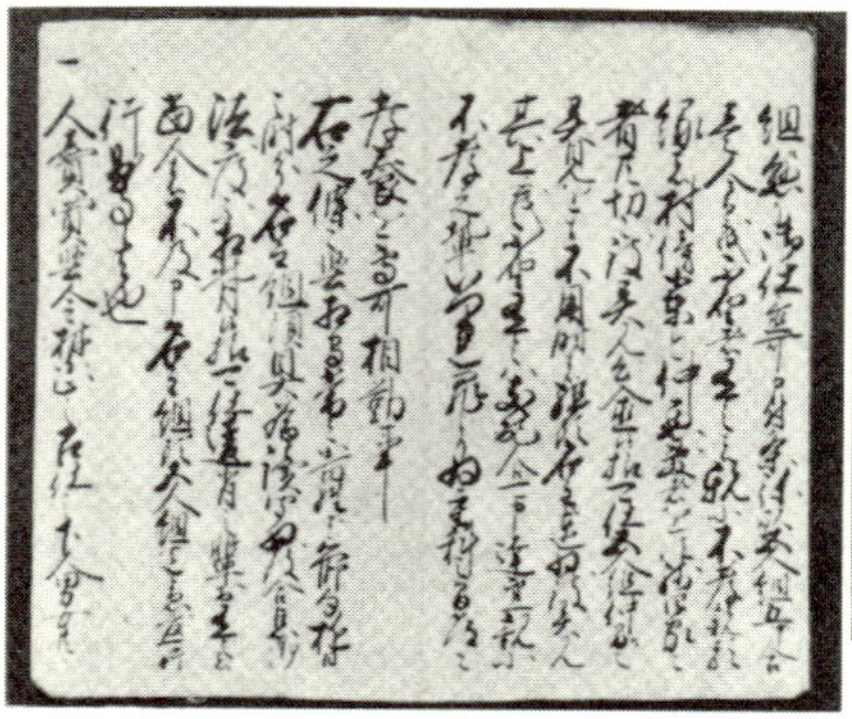

文政四年弥勒村五人組帳

公儀法度の遵守、宗門改め、博奕の禁止、鉄砲所持の禁止、牛馬売買と生類憐れみ、火災の処置、自身番と夜番、無札者《むさつもの》★の改め、諸証文の扱い、訴訟対決と評定の扱い、町屋敷の売買、親子兄弟の勘当、旅人の宿泊と人馬、盗賊の逮捕と扱い、行き倒れ者と拾い物、住居替えと借家人、酒造と諸商売、他所への訴訟と届け物、譲り状と遺言状、質物取りと出入り

次に城下町の五人組条目と比較する意味で、明和四年(一七六七)の農村五人組の条目を次に掲出してみたい。

公儀の法令遵守、年貢負担、親子兄弟夫婦の道徳厳守、不幸者・孤独者の扶助や救助、五人組替え、不心得者の扱い、武士への心得、渡り者・浪人・欠落者への諸注意、飛脚の扱い、遊女への心得、他所商職人や百姓の扱い、犯罪への処置、盗賊への処置、行倒者の処置、勘当者の手続き、鉄砲の処置、衣類や牛馬の買い付け、道具の心得、賭事・博奕・人身売買の禁止、奉公人の身代金処置、田畑永代売買の禁止と質入れの処置、田畑高分けの禁止、子供の将来への対策、遺物配分の生前取り決め、飲食物・脇差し・乗り物の注意と禁止、家作及び慶弔祭事の制限、集団巡視、特別参詣の手続き、諸国商人や役者の入村

▼無札者
営業許可を持たない商職人のこと。

禁止、小唄・三味線の処置、能や相撲など群衆行事の禁止、酒造と営業の制限、田畑荒廃への注意、新田開発と造林の奨励、竹木乱伐の禁止と植林奨励、火災防止、公用の遂行、出入り始末の扱い、川除《かわよけ》★・堤普請の注意、洪水の処置、道橋の管理、年貢の公正割付、年貢と俵の拵え、升目の注意、帳面用印判の扱い、取引上の手形交換、音物・礼物の禁止、徒党の厳禁、村内の不幸者・不忠者・不心得者の処置、孝養の奨励、奉公人の雇傭年限など、城下のものよりさらに詳細であった。

▼川除
堤防を堅固にすること。

第四章 藩財政と領民の生活

領民からはたびたびの御用金、藩財政は借財によりいつも台所は苦しい。

①藩の財政

元禄の入部と共に町民に御用金の上納を命じながらも次第に借財に苦しむ藩。
町・在仕送役を任命して金の成る木を領民に求める。
幕末の財政改革は藩の経済を有利に展開させるために採用する無返済政策であった。

財政収入

高遠藩内藤氏も収入は諸藩と同様に領民からの年貢が主体となっていた。鳥居氏時代の三万二百石は元禄三年（一六九〇）松代藩真田氏による御手伝検地《おてつだいけんち》★で約四万石に近い石高を打ち出し、三万三千石が内藤氏に支給され、六千石余りは幕府領に編入された。このため、内藤氏の三万三千石は領内の農業生産力の限界に近い高であったから、領内での新田開発もほとんどできない状況下にあった。

しかも、年貢率は四割五分から五割の線を上下したのである。これは領内全体を平均しての率であり、正徳四年（一七一四）では川下・上伊那・藤沢・中沢の四カ郷が五割、春近・入野谷二カ郷が約四割、洗馬郷のみ三割であった。安政四年（一八五七）では上伊那・藤沢・中沢・川下四カ郷が五割、春近・入野谷二カ郷が

▼御手伝検地
幕府が諸大名に課した課役の一つ。検地対象地を他藩の者が行う検地のこと。

四割六分、洗馬郷が三割であった。

かつ、時代別にみると、元禄～享保期（一六八八～一七三六）までは「検《け(ん)》見取《みどり》」★のため年貢高の高低がみられ、元文期（一七三六～一七四一）以降からの「定免法《じょうめんほう》」★の採用による平均化した収入量のあった時期、それ以後の文化期（一八〇四～一八一八）からの増徴期と大略三方法による収納方法があった。

領内御用林からの収入もあった。当初は小規模であったが、藩財政の窮乏で御用林からの生産拡充を通して販路を求める政策に転向していった。文政年間（一八一八～一八三〇）黒川谷の材木二間尺、角廻り尺〆五二〇〇本を天龍川河口の掛塚湊まで運材する諸費用は一五〇両を必要としたが、掛塚湊の着木値段は五本で二両とされ、約一四倍の利益となっている。さらに山で働く木師・杣《そま》などからも運上《うんじょう》（税）を徴収した。

領内豪商農層からも多額の御用金・冥加金★・才覚金★などを上納させ、御用達にも金品の納入を命じている。また上屋敷の焼失に対する領民の復興費、公儀御用に対する御用金、藩主の初出仕への祝儀金、無尽・頼母子講などの掛け金流用、領内商職人層の運上、さらに幕府・尾張木曾商人、寺院、領内外からの多額の借財などで藩の財源を確保した。

▼検見取
毎年の収穫量に応じて年貢高を決める方法で「けんみ」ともいう。

▼定免法
過去数年の平均収穫量を算出し、その額で以後年貢を徴収する制度。

▼冥加金
農業以外の諸営業に課す雑税。

▼才覚金
領民が何とか工面（才覚）して出す御用金。

財政支出

文政九年（一八二六）一年間の藩の収支を計算した資料が残されているが、年間の予算九四七三両からの支出をみると、江戸入用が三八八五両余り（約四二％）、藩主一族の費用が一一七八両余り（約一三％強）、参勤交代費用一六五両（平均一三〇両）、地元高遠の費用八〇〇両、役方入用費九〇〇両ほど、借金返済費用一〇〇四両余り、津出米《つだしまい》★費用六〇〇両、一族と双方家中割替入用★一〇〇〇両となっている。差し引き二両二分残りとしているが、これは財政立て直しにあたって藩が黒字になるように操作したもので、健全な収支計画ではない。

また、家臣への俸禄支給の実態は宝永六年（一七〇九）の場合は年貢一万四八〇〇石のうち家臣支給高は一万一二九〇石で残高は三五〇〇石余り、文政元年（一八一八）の例では年貢一万五二三〇石余りから家臣支給高は一万二七〇〇石余りで残高は約五〇〇〇石であった。この残高で藩政や藩主一族の費用を賄うのは困難であることは明らかである。それ故、当然のごとく家臣からは「御借上《おかりあげ》」を実施することになる。

この「借上」は上級藩士ほど引く率が高く、下級藩士ほど少額となっているし、

▼津出米
領外へ出す米。

▼家中割替入用
江戸屋敷と地元高遠での財政の割当金。

高遠在住の藩士より江戸常駐の藩士のほうが借上げの率は高くなっている。この借上制は享保十年(一七二五)以前からすでに実施されてはいたが、開始年代は不明であり、また何回となく実施されている。このため、家臣の生活は困窮したが、武器・武具を身分相応に所有するならば、姿・形がみすぼらしくとも宜しいというのが、藩の主張であった。

江戸藩邸における経費の増加も問題となる。上屋敷には藩主やその家族、家臣が常住し、参勤交代によるお供の家臣も加わるため藩邸費用はゆうに金支出の六割ほどになっている。

その他に藩主交代時の諸費用、大坂加番役中の費用、幕府要職勤番中の経費、諸大名との交際費、参勤交代時の諸費用、冠婚葬祭費用なども支出の重要な部分を占めている。

さらに、藩財政の基礎を確立するための土木工事、百姓への救済、城郭の修理、藩邸や役宅の修復、領民への助成金、幕府の御手伝普請、国《くに(こく)》役金《やくきん》★の賄い、幕府への金品献上など支出面は数えきれないほどであった。

▼**国役金**
幕府が所領に関係なく一国単位に賦課した臨時の課役や金銭のこと。

藩主の費用

藩主の費用については、前項であげた収支計画の中に御小納戸費用として一三七両余りが計上され、これが藩主の経費とされている。

この費用の他に藩主の御台所費用も必要となっている。藩主の在城中の勝手方の収支を具体的に示した資料が残されているが、享保六年(一七二一)と八年の二年分であるが、このうち八年八月のみを表示したのが表3である。藩主が毎日食事に必要とした品物の買入れ量と消費量が記された決算書である。単に一カ月分のみを表出したが、予算の多くは前月からの繰越しであり、この繰越しで賄うのに不足の場合は町民からの購入であった。しかし、具体的な金額が記されていないために厳密な検討はできない。

また、文政の財政立て直し政策において改革担当者が、藩主が江戸上屋敷に在住した年と、帰国して留守の年の入用分について検討し、決定した文政十年の資料が残されており、それによると、江戸定式入用分が各月にわたって詳細に記され、一年で六二二七両となり、これに閏月分のある年は二四三両が加算されている。この年間入用分に毎月雑用金が含まれている。正月から六月までの雑用金は

表３　享保８年８月の御台所諸入用

	享保8年8月の諸入用		
	7月よりの繰越金・繰越量	買入・受取	使用の金額・量
御膳白米	2斗2升4勺9才	6斗(御蔵方より受取)	4斗9升4合4勺3才
中白米	4斗8合9勺1才	7斗(同上)	1石2升2合2勺2才
餅米	1升7合	8升(同上)	9升7合
春麦	4升9合		
御膳酒	4升5合5勺	2升(町人より買入)	2斗4合5勺
御次酒	3升4勺	4斗(同上)	3斗9升5合5勺
豆腐		69丁(同上)	69丁
生肴色々		1貫55文(同上)	1貫55文
塩肴色々		6貫334文(同上)	6貫334文
青物色々		3貫128文(同上)	3貫128文
漬粕		100文(同上)	100文
箸(900)膳		327文(同上)	327文
御膳赤味噌	1貫500匁	10貫(同上)	11貫500匁
御次味噌	1貫100匁	10貫(同上)	11貫100匁
白味噌			
醤油	2升	3斗(同上)	2斗5升
塩	2斗3升		1斗7升
油	1升1合	1斗(同上)	9升5合
薪	2間	6間(同上)	6間
炭	31俵	80俵(同上)	89俵
太白砂糖	1斤半	7斤(江戸町人より受取)	5斤
干菓子	2斤	7斤(町人より買入)	2斤
葛粉	5升		2升
水干粉	5合		5合
氷おろし	3斤		2斤
鰹節	116節		39節
酢	3合	2升5合(同上)	2升8合
蕎麦粉	2升8合		
寒晒蕎麦挽抜		2升5合(同上)	2升5合
小麦粉	6升1合3勺4才	5升(同上)	1斗1升1合3勺4才
小豆		2升(御蔵方より受取)	2升
付木	10把		10把
灯心	9把	20把(同上)	9把
蠟燭		40挺(同上)	40挺
嶋田紙		1帖(大納戸より受取)	1帖
今田紙		7帖(同上)	7帖
筆		2対(同上)	2対
墨		2挺(同上)	2挺
下白米		中間昼食184人分	184人分

表４　文政10年7月江戸定式入用一覧

金額	項目
220両1分余	雑用金
1両3分余	八朔献上金
1両余	八朔献上名代留守居被下
53両1分余	定式中元付届け
10両3分余	諸役所筆墨紙代
7両1分余	礼式被下金
6両	供立之他燈油代
5両2分	田淵辻番給
45両	御隠居様分量
10両	御隠居様足金
7両	御隠居様御手元金
30両	祥雲院様足金
10両	祥雲院様御手元金
1両1分	施餓鬼料香典共
1分余	祐円針料
1両3分余	鐇具并廿六夜立番代
2両	掃除代
2両2分	貸駕籠繕代
1両2分	借馬代
17両2分	太宗寺寄附金
7両	雇筋手当金
19両	御供方手当金
9両	公務要用金
71両1分	御役別口中元付届金
557両3分余	計

毎月二九〇両、七月から十二月までは毎月二二〇両が計上されている。七月分を表示したのが表４であり、これが上屋敷における一カ月分の入用金で同月は全額五五七両余りとなっているが、二二〇両は雑用金である。この雑用金を藩主の在府の時に上屋敷で生活する場合と、在邑・在国して留守の時とに分けて表示したのが表５である。藩主の上屋敷滞在の有無によって雑用金の内容にかなりの差がみられる。当然留守であれば必要のない費目、上屋敷での生活の有無があっても不変の費目もあって、非常に興味深いものがある。

表５　藩主在府・在邑月別雑用金使用一覧

	藩主在府時経費	藩主在邑時経費
御方分量	54両1分	54両1分
御台所分量	9両2分2朱	
休息所分量	1両3分	
扶持米	93両1分2朱 御役御用金2両2分余を含む	93両1分2朱 同左
焚出し米	30両2分余 御役御用金6両1分を含む	18両3分余 御役御用金1両1分を含む
家臣23人扶持米	13両2分2朱余	
御供方抱込雑用金	7両2朱余	
徒士2人月抱給金	1両2分2朱余	
味噌代	1両3分2朱余	1両1分
惣中間松材木代	3両2朱余	2分2朱余
飛脚代	3分	1両2分
日雇代	7両	3両1分
諸向分量〆高	27両2分余	12両2分余
公務用1疋増飼料	1両2分	
御分量紙代	2分2朱余	2分2朱余
所々渡魚油付木燈心代	1分余	1分余
足軽中間酒代并昼食代	5両 御役御用金3両を含む	4両2朱余 御役御用金2両を含む
御休息所様付女中米代	2分2朱余	
御分量ろうそく代	3分余	2分余
押合方祐筆ろうそく代	1分2朱	1分2朱
押合方客人用	2両2分	2両2分
押合方炭油代	1分2朱余	1分2朱余
御役御用紙代	2両	1両1分2朱
餅菓子砂糖茶代	3分2朱	
餅菓子砂糖茶用炭代	2分	
弁当代	3分2朱余	
公務要用金	6両	6両
御留守居手当金	3両	3両
小納戸分量	14両1分	
計	290両2朱余	220両1分2朱余

町仕送役

内藤氏は高遠入封と同時に城下町民から選択して御用達に任命して藩財政への御用を命じた。元禄～正徳期(一六八八～一七一六)までに何回かの交代はみられるが、ある一定の町民層を選定して御用達に任命し、御用金を上納させたが、享保期(一七一六～一七三六)になると、御用金の額が急速に増加していく傾向がみられた。そして、藩は享保十年(一七二五)に、藩財政に対して「仕送りをする」という意味で「町仕送役」を一〇人新設したのである。

この時の一〇人の内訳は、元禄五年(一六九二)に御用達となった町民三人、宝永四年(一七〇七)に御用達となった町民二人、正徳四年(一七一四)に御用達になった町民三人と、享保十年直ちに仕送役となった町民二人であった。このように内藤氏は高遠入封と共に御用達を任命し、さらに仕送役を設定したことは、町民の提供する御用金確保が藩財政のかなり重要な部分を占めていたことを意味する。

町仕送役は年貢米納入以前に年貢米を担保として御用金を上納し、秋の納米を直接百姓から請け取る仕組みになっていた。仕送役一〇人は直ちに藩に条件を出して御用を引き請けたのである。その条件とは、(1) 仕送金八〇〇〇両が負担できない場合は他の者に命じてほしい。(2)仕送年限は五年とする。(3)不時に御用金が必要な時は他の者に命じてほしい。(4)我々が他借《たしゃく》した際の証文には藩役人の印形がほしい。(5)利息は一カ月二〇両とする。(6)木曾への払い米は御立値《おたてね》段《だん》★にして我々で附け払いをしたい。(7)仕送金の維持は困難なので、年々減少してほしい、などであった。

実際に任期も五年で終了することはなく、五年を経過しても藩は簡単に仕送役の身分を解放することはなかった。本町の万屋伊左衛門は享保十九年から宝暦十二年(一七六二)まで二十九年間仕送役を担当している。仕送役は貢租米を担保にするが、当面は自己資金の運用で賄うが、個人の負担能力を超えれば自身の手に入る年貢米や家屋敷や家財を担保に借財することは否定できない。酒井与左衛門は享保十年より十三年間役負担をしたが、その間に金子借用を繰り返し、元文三年(一七三八)の時点ですでに借財は五〇〇両にも達している。さらに借財返済が不可能となれば担保の家屋敷や家財を手放し、ついには一家離散となることは明らかである。天保七年(一八三六)には仕送役の大林与兵衛家の破産断絶を伝える記録が残されている。

このため、仕送役仲間は上納方法の変更を訴え、享保十八年(一七三三)に二人で四人分、五人で三人分、三人が各一人分を上納する方法を依頼し、藩も仕方な

▼**御立値段**
毎年暮れに城下米商より両替の石数を出させ、それをもとに藩役所が決定する米の公定値段と石数。

く認めている。この時、藩は新たに一人を仕送役として任命しているが、藩は御用金の減少を嫌い、人数を増すことによって補充を狙ったものと考えられる。

定免法の採用

内藤氏は幕府代官より高遠領を継承した時に、有毛検見法《ありげけみほう》で年貢徴収することにした。この方法は実際の収穫量に年貢率をかけて徴収する方法である。宝永七年(一七一〇)にこの徴収方法で年貢高が最高になった時点でその年貢高をそのまま定免法の税率にスライドさせて徴収する方法を採用したのである。この検見法は高遠領を一時的に預かった幕府代官が試験的に内藤氏に実施させたのが一応成功した段階で、幕府はこの高遠藩での施行過程をうけついで有毛検見法を幕府領に全面的に実施することになり、さらに享保改革で定免法《じょうめんほう》を採用したのである。

高遠藩では定免法の採用は宝永七年であるが、この段階で定免法賛成村と反対村とがあった。藩は反対村を説得したため享保期前半に定免法に傾いていった村があったが、それでも反対した村が存在した。藩では最初に定免法を採用した村を「古定免村」と呼び、その後に定免法を採用した村を「新定免村」と呼び、享保十六年(一七三一)に領内不作の時に「新定免村」が不作を理由に検見取を要求した際、藩は条件付きで定免法を採用した「新定免村」が「古定免村」と同じ条件で検見取を願うのは不埒であるとして、「新定免村」の願いを却下している。

享保十六年以降も、反対村の説得を続け、元文元年(一七三六)七月以降郡代・代官の努力によって、全領農村がすべて定免法による年貢徴収になっていった。

在仕送役

町仕送役の設定とは別に在仕送役を新設して藩財政確保に取り組んでいる。当初、藩では在中に「御米取捌方《とりさばきかた》」をおいて財源を確保したが、文化五年(一八〇八)正月狐嶋村の名主北沢勝兵衛を在仕送役に任命したのが、その始まりとされている。

私儀、不調法者にござ候のところ、段々御勝手向御用など仰せ付けられ下し置かれ、存じよらず帯刀御免、御仕送役仰せ付けられ冥加至極………

と、代官に差し出した文書によって明らかである。このため、藩は領内の御米取捌方を発展させて在仕送役を新設したことになる。そして、天保期以後続々と在仕送役を任命して、町仕送役と共に御用金を上納させて財源確保を狙ったことは、藩財政が急を要する問題にまで発展していたことを意味する。

　在仕送役から上納された前金は代官を通じて郡代から元締役の手に入るが、臨時の御入用筋ありとか、御繰り合わせこれありとかの名目で御用金を増加させており、嘉永六年(一八五三)から安政四年(一八五七)までの五年間に、領内の在仕送役を通じて毎年三〇〇〇～四〇〇〇両を「年越才覚金《としこしさいかくきん》」の名目で上納させている。

近江商人と高遠藩

　高遠藩は文化期まで財政政策を展開してきたが思うようにいかず、文政元年(一八一八)四月近江商人の松居久左衛門と外村《とのむら》与左衛門から多額の借財をなすに至った。

　藩は財政方役人・年寄・御用人・郡代・代官を含めた二四人連記で借財した。文化十三年(一八一六)ごろ近江商人に資金繰りを依頼し、文政元年になってようやく仲介人三人の努力によって在所高遠での使用金一万両と江戸上屋敷での使用金五〇〇〇両の借り入れに成功した。

　高遠での借り入れは十年賦返済の約束で、返済は現金で行うが万一滞った場合

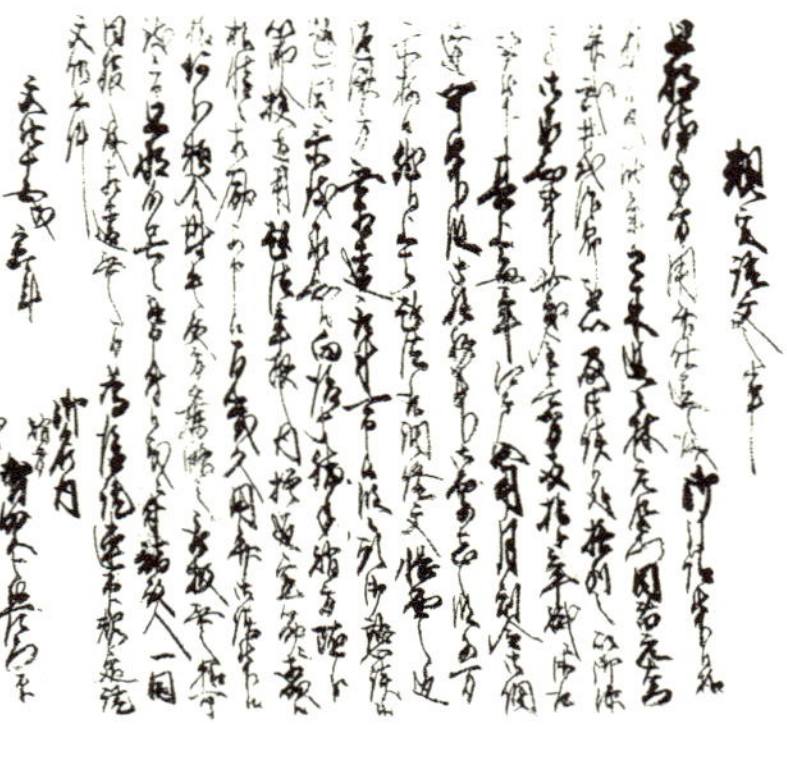

近江商人に提出した一万両の借財証文(部分)

は藩主年貢米で返却することになっている。そして返済にあたっては領内村落の村役人が差し出す「証文」と「規定書」によって返却される方法をとっている。証文によると村の年貢から返済分を引き落とし、返済が延引した場合は収納高に見合う田畑を質地として振り向けるから自由に処分してよいとあった。

近江商人の大名貸しは、(1)名目金貸付★、(2)郷印貸付★の二方法があったが、高遠藩の場合はこの郷印貸付の形式を踏んだものであった。返済にあたって藩は中沢郷と春近郷内の村落二五カ村を指定し、村役人六六人が捺印して近江商人からの借財返済の担保をこの二五カ村の年貢米で返却することにしたのである。また、上屋敷へは毎月二十五日までに送金し、返済は毎年十一月二十五日に利子一割を添えて行うことが条件となっていた。

しかし、これでも不足となり、文政六年に再度一万五〇〇〇両を借用し、この時は前述の仲介人三人も返済指定者に加えられていた。松居久左衛門は高遠藩ばかりでなく、大垣藩・小幡藩・吉井藩・高崎藩・安中藩・金沢藩にも大名貸しをし、同七年の「書上帳」によれば、文化十二年から文政七年まで諸大名と取り引きし、文政七年時においても返済されていない金額として、安中藩板倉家の八七一〇両、小幡藩松平家の二七七五両、高遠藩内藤家の六九六二両の額が記されている。

▼名目金貸付
お寺が貸す資金。

▼郷印貸付
藩主の代わりに農民が返済する借入金。

なお、余談であるが、彦根藩主井伊直弼が領内視察を行った際、八日市の旅館に久左衛門を招き、その篤行を表彰して、

安けくも八十路かさねし事思へば　なほ経んよはひ千代もかはらし

という賀歌を贈ったという。

文政二年の藩営頼母子講

文政二年(一八一九)五月に新規の頼母子講が開始されたが、加入口数は六九人で実に二三万六〇〇〇両余りとなる大がかりなものであった。発起人である福沢代吉は個人で二万二三〇〇両を出金したのを手始めに、飯田城下の町民二人で二万両、松本藩預かり領大和増次郎が個人で一万五〇〇〇両を出金し、高遠藩は財政方役人四人で二口分三万両を、さらに近江商人の松居と外村両人で一万五〇〇〇両を出金している。

この頼母子講の実施方法には実は二通りの方法があり、一つは利回り一割一分、他の一つは利回り一割二分五厘であった。これは藩が頼母子講実施にあたって掛け金・当選金・利回りによる利益金の試算を行ったものと考えられる。

初会の掛け金二万六〇〇〇両余りから入用分として五〇〇両を引き（講を開始し

た際の諸入用か）、その残金に二つの利回りの利子を加算した額が二番会に繰り越され、この繰越金に子掛けの額を加算した額から当選金を引いて、残金と利子が三番会に繰り越される形式で会を進行させ、十二番会まで続けられた。そして、十二番会の当選金を除いた額が一割一分利回りの場合は一万一〇七八両余り、一割二分五厘利回りの場合は一万五二一九両となって、この残金が両方とも「御益金」として記載されている。つまるところは藩の肝煎りで始められたのである。

当選金も「取金」ではなく、「口々渡し金」として記され、しかも「渡し金」は会ごとに額が異なっていたことも一つの特徴といえる。当初の加入口数の総計は二三万六〇五〇両であるが、十二番実施した際の「口々渡し金」の総計は二〇万六〇五〇両となって、差は高遠藩の加入口数である二口分三万両となる。この結果、三万両を除外すれば加入口数の金額と十二番会終了した段階の「渡し金」の額が一致する。藩は頼母子講の実施にあたって加入口数と合うように当選金を不定の形として計上し、その当選金を各々の口数で出金した者に分割返済する方式をとって、最終的には全額返済可能となるように試算したものと思われる。

加入口数の高遠藩二口分三万両の金額は数字だけを明記して、実際の金額はなかった。ここに藩側の頼母子講実施にあたっての一つの考え方があったのである。

文政九年の財政立て直し

藩は文政九年(一八二六)十二月、初めて本格的な財政立て直し政策を開始した。藩の財政の大部分は領内外からの御用金や借財などで賄われていた。

文政五年の「わらじ騒動」を経た同九年に藩は領内豪農北沢勝兵衛・原熊三郎・北原九仁太郎・黒河内谷右衛門の四人を改革担当者として任命し、かつ藩の借財状況の実態をすべて四人に見せたが、その額は一〇万三四〇〇両となっていた。藩は元締役所と担当者四人で借財を解決させようとする策をとった。しかし、四人は難色を示したために、藩側は新たな対策を出したので、これ以上引き下がるわけにいかず協力することになった。

四人は同年十一月に自らの案を藩に示し、藩もおおむね四人の考えを受け入れ、十二月から開始した。この時藩主頼寧は年寄・郡代などに財政立て直しの意志と方針をもって行うことを諭し、四人に領内の山林竹木を渡して自由に扱うことを許したことを告げ、領民にも協力を求めたのである。かつ四人にも「改革によって御用が足り、借財がなくなれば近領、他に対する外聞もよくなり、銘々の働きも立つであろう」として、藩のため腹蔵なく励むことを伝えている。

なお、領民にも借財の内容と江戸・高遠での入用についての収支書を見せているが、その最後にさらに四万三四〇〇両余りの返済分があることを記している。この四万三四〇〇両余りの借財に藩がいかに苦慮しているかを百姓側に熟知させて、必ず返済しなければならない借入金は担当者と領民からの才覚金で片をつけようとしたのである。

文政十年二月、四人は新たな「趣意書」を提出したが、これは年貢と臨時上納物を中心とする「御暮方」の策で、これを三つに分けた。(1) 家中入用分、(2) 公務及び江戸定式入用分、(3) 臨時御備分であった。藩は藩なりに考えていた策で四人に返答したが、四人は納得せず、再考の末に「口上書」を出した。この「口上書」を藩も納得したので、原熊三郎は江戸に出府して借財主と折衝し、北沢勝兵衛ら三人は地元で立て直し政策にのり出した。

北沢ら三人の対策は年貢米、借財、領民の御用金、家中よりの借上げ、富興行、山林竹木の売り払い、倹約などであった。特に文政九年九月から十年八月までの一年間で近江商人をはじめ、領内外の四一人から新たに一万二四〇〇両余りを借財し、返済のためにまた借財を重ねる結果となった。

文政十年十月北沢らは最終的に借財の「引請書」を差し出したが、藩から提示された返済額より大幅に超過しており、多くの不足分が見込まれていた。よって

「引請書」を出した目的は藩主の意向をふまえての「借財切り」であった。この「借財切り」とは返済しなくてもよい相手には借用金を一切返済しないとする対策であった。北沢らの必死の努力にもかからわらず、文政十二年六月紀州徳川重倫《しげのり》の死去にともない代参が命ぜられ、紀州和歌山まで往復する幕府御用が課せられた。この公務のためにまた新たな借財を重ね、「笊で水を掬う」の譬えどおりの有り様であった。

文政十一年北沢・原らは永く藩との関係を持つことを嫌い手を切ろうとした。藩側は手を引かれることを懸念して関係を維持しようとして、十二月年寄、郡代の名で北沢らの所有地を知行地として認め、村内の年貢上納から除外し、徒士格の身分に準じて在仕送役に任命し、御用の節は元締役所に詰めることとした。しかし、四人は天保元年(一八三〇)十月に立て直し政策赦免願いを出したため、藩は労を犒《ねぎら》うと共に、今後も御用の節の協力を依頼して紋付と金三〇〇疋★ずつを支給した。

▼金三〇〇疋
一〇〇疋は金一分に相当する。

拝地百五十年祭

内藤氏が元禄四年(一六九一)に高遠領を拝領以来、天保十一年(一八四〇)が百五十年にあたることから計画され、しかも天保期の財政立て直し政策の一環として実施されたものである。

天保の財政立て直し★政策は同四年の領内大飢饉を背景に実施されたもので、改革担当者であった北沢勝兵衛ら豪商農層の考えによって打ち出された計画であったが、藩主頼寧は、

豪商農層の意図するところは大変有りがたいが、この節は何分早過ぎ、借財方のために実施されるようになってはよろしくない。百五十年の拝地は誠に目出たいし、それを祝いのことといえ少々たりとも外々に聞こえては、せっかく

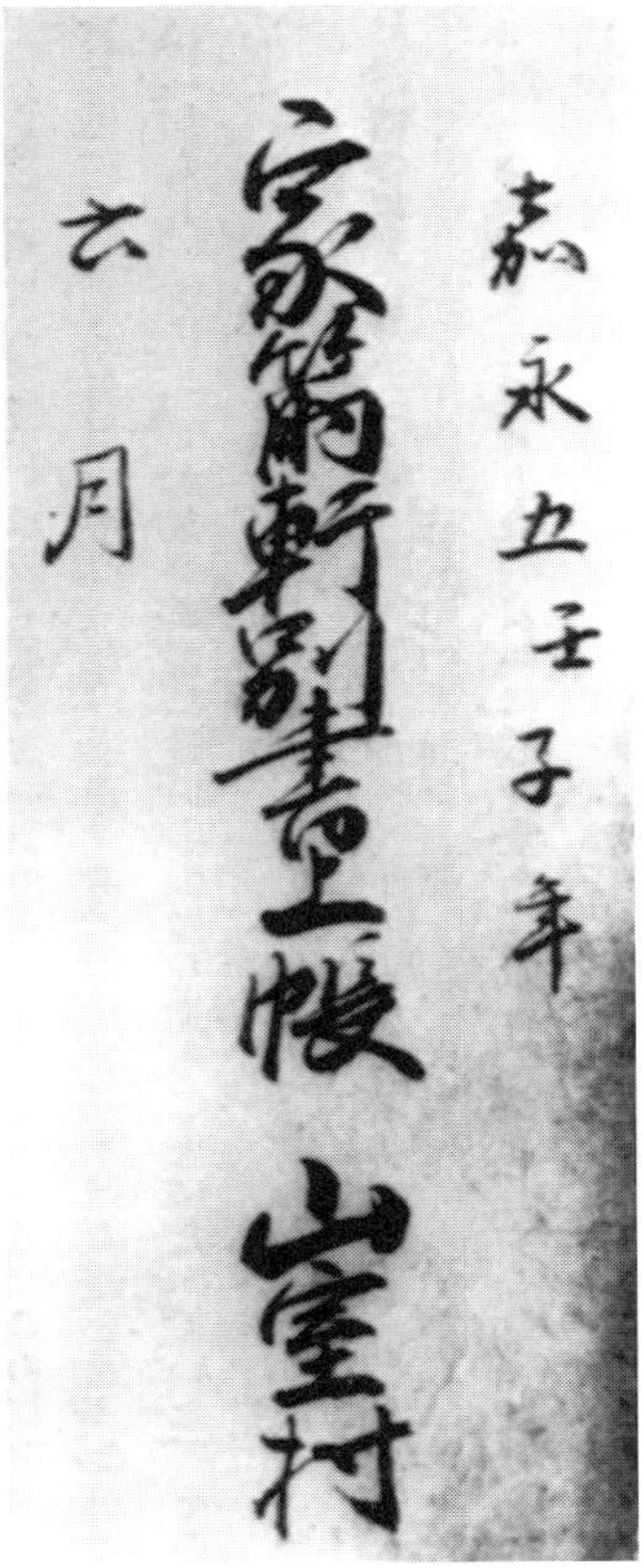

山室村家筋軒別書上帳

▼天保の財政立て直し　同時期の財政政策は天保四年の領内大凶作を機に行われ、夫銭割の改定、集金講の実施、拝地百五十年祭の実施を北沢勝兵衛ら領内豪商が計画して行った財政収入のための政策と天保十四年(一八四三)からの三年計画での改革が実施されている。

の仁政と申すこともいかがわしくなる。

との意見で、天保十一年（一八四〇）に実施されることになった。

藩は前年の同十年に領民に郡代三人の名で元禄四年以降天保十年までの家筋の書き上げを触れ出し、領民は家筋の書上書を提出した。この「家筋改め」は過去百五十年間における藩主と領民との関係をより以上に緊密なものとし、藩主の御恩を領民が認識することによって先祖からの家筋がうけた御恩に報いることの意識を持たせ、領民側から祝儀献金をさせることが目的であった。

そして、祝賀の会は天保十一年正月に実施されたが、祝賀献金についてみると、全領で二三七四両余りであったが、個人による冥加金の献金は全領で八四七三両で合計一万八四七両余りとなる。この冥加金上納については特典があり、例えば永代御目見得・苗字帯刀御免には五〇両、平方《ひらかた》百姓★より長《おさ》百姓★・年寄になるには八〇両、組頭より役場立合役には二〇両、平方より役場立合役には五〇両などとなっていた。しかし、冥加金を上納すれば直ちに役筋への取り立てや、復帰が可能になるのではなく、取調御用掛が調査して確実な証拠の提出を求め、厳しい審査を経た末に認められた。

このように多額の冥加金が上納された背景には、百姓の村政に対する発言権が大きくなっていたことがうかがわれると同時に、領民の役筋への昇格や復帰を利

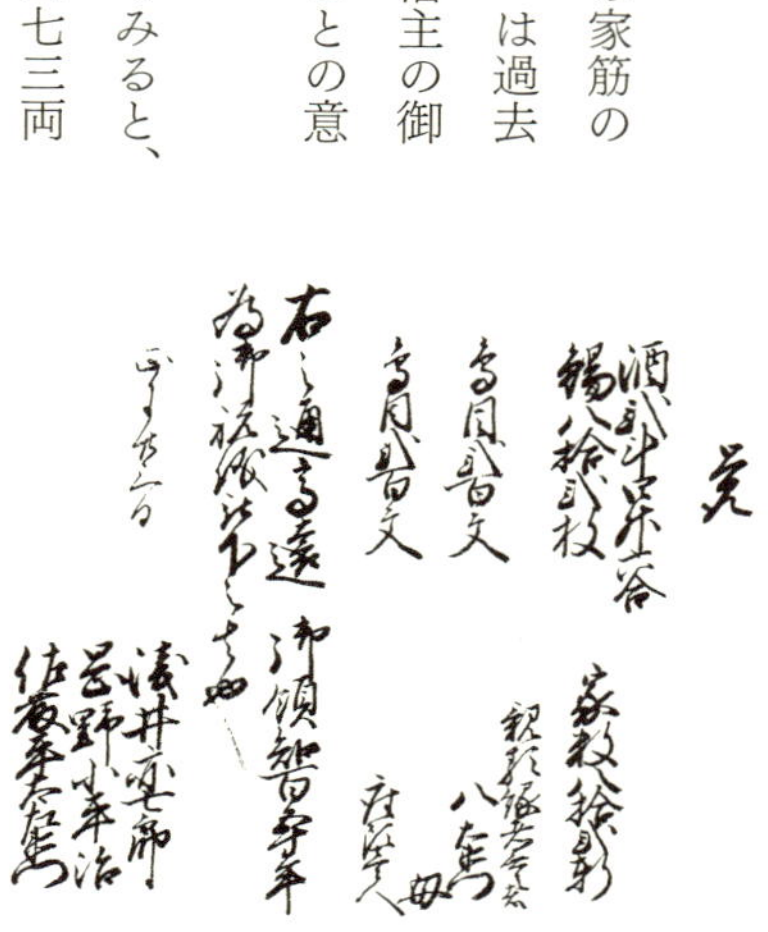

拝地百五十年祭にあたり藩が領内に下賜した品物の覚書（一部）

▼平方百姓
普通の百姓。

▼長百姓
長は村役の一種。

表６　領内村別にみる役筋願数

村名	人数	村名	人数	村名	人数	村名	人数
弥勒村	4	下大嶋村	2	火山村	11	中越村	5
野笹村	1	上川手村	4	塩田村	5	下牧村	2
板山村	1	下川手村	2	栗林村	8	下横川村	11
中村	1	日影村	6	伊那村	12	上嶋村	8
四日市場村	3	境村	12	本曾倉村	2	辰野村	19
栗田村	1	上新田村	5	下高見村	2	平出村	20
荒町村	1	狐嶋村	1	上高見村	9	沢底村	3
片倉村	6	古町村	3	中曾倉村	1	赤羽村	1
台村	1	上牧村	3	菅沼村	4	今村	2
上山田村	6	西町村	24	下新山村	3	宮所村	3
西勝間村	1	荒井村	10	上殿嶋村	22	宮木村	8
非持村	2	小沢村	10	中殿嶋村	2	新町村	9
芝平村	1	平沢横山村	15	下殿嶋村	7	羽場村	4
下山田村	1	山寺村	6	田原村	11	北大出村	15
杉嶋村	1	御薗村	3	小出村	11	本洗馬村	29
市野瀬村	2	野底村	1	表木村	8	西洗馬村	29
溝口村	17	青嶋村	1	諏訪形村	1	岩垂村	5
山室村	1	桜井村	5	宮田村北割	1	針尾村	14
黒河内村	1	貝沼村	6	宮田村町割	5	小野沢村	6
芦沢村	6	北福地村	6	宮田村南割	4	古見村	7
笠原村	4	南福地村	4	宮田村新田	10	小曾部村	26

用して小前層の台頭を確実にして、藩財政への資金調達を可能にする百姓層の把握を狙った藩の意図を読みとることができる。

なお、この冥加金献上のなかで特に洗馬郷《せばごう》の上納額が一郷のみで全体額の約三分の一に相当する割合を示していることが目につく。これは城付地の内郷と外郷の洗馬郷とでは冥加金に差があったことからの結果である。例えば、平方百姓から年寄筋への昇格には内郷では五五両であったが、洗馬郷では一二〇両、平方から組頭への昇格は内郷では五両であるが、洗馬郷では四〇両、過去に年寄筋であった者が同役に復帰するには内郷では考慮されないのに、洗馬郷では五〇両であった。

これは文化十四年(一八一七)の同郷本洗馬村の琵琶橋架替工事にあたり、献金による村役への昇格、苗字帯刀、紋付着用御免などの特権をうけた百姓と人足役負担を行った小前層との対立、文政三年(一八二〇)洗馬郷内の献金による村役への昇格による百姓間の対立、これらを背景として同五年の打ち毀しを伴う郷内一揆のあったことが要因となっている。このことは洗馬郷の百姓の家格意識に対する鋭敏さへの刺激を抑制し、家筋の変化が生ずることを避け、低役筋への移動に重点をおくという藩側の思惑があったことが考えられる。それでも他郷と比較して人数・冥加金ともに多い(表8参照)のは、やはり同郷百姓の家格に対する意識の強さ、村政への発言力が高まっていた結果といえる。

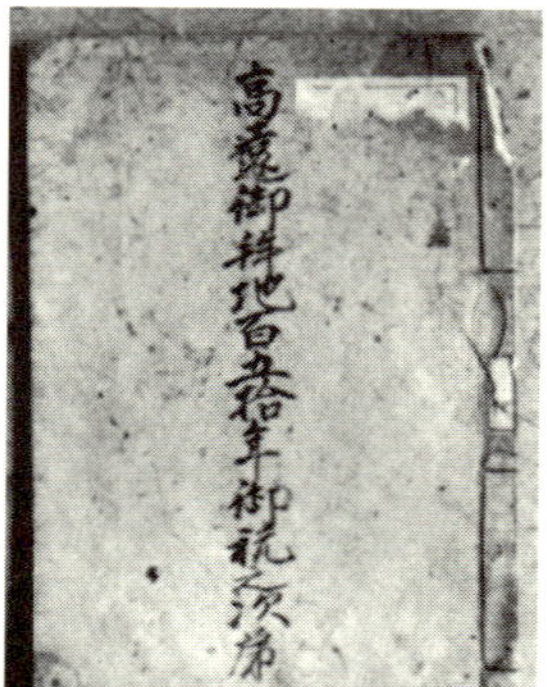

高遠御拝地百五拾年御祝之次第

② 領民の生活

藩政策の枠の中に領民は苦しみながらも従順な生活を守り通す。
藩の救済政策を領民に押しつけた舫要用米制度。
藩法に違反することは領民の生活が次第に豊かになっていることを示す。

権兵衛街道と木曾助郷

権兵衛街道は正式名称を鍋懸峠《かまかけとうげ》といった。伊那からこの峠を経て木曾に抜ける通路で、神谷橋の地点で中山道と合するまでの道路を指している。従来、木曾と伊那を結ぶ小道路はあったが駄馬の通行はできず、人が背負子に荷物をつけて輸送する方法しかなかった。

元禄八年(一六九五)十月、木曾一一宿は幕府道中奉行★に、峠道を開通させることで木曾助郷★を確保するという遠大な計画があって願い出た。そして、木曾福島宿の宿民を伊那に送って木曾谷の米不足を解決するために開道したいとして天領の箕輪領の領民に相談を持ちかけた。箕輪領の名主は賛成したが、同郷大出村の名主一人が反対して将来木曾助郷の負担ありを指摘して異議を主張した。

▼道中奉行
五街道を中心に街道、宿駅の取締り管理にあたる職名。

▼助郷
宿駅の人馬が不足した時に、近くの農村から人馬を徴発すること。

事実、同年七月には高遠領辰野村など四カ村がすでに中山道洗馬宿の定助郷に指定されていたことから、その危険性を指摘したのである。一切助郷の件を黙秘していた木曾側は痛いところをつかれたが、今後助郷の件があったとしても箕輪領からは助馬は一切負担させない、助馬は木曾側で負担することに永代に違約しないと言及したので、箕輪領は開道に賛成した。そして、元禄九年木曾谷の牛行司権兵衛が山村家★に請い、木曾十一宿の同意を得て新道を開き伊那〜木曾間の牛馬通行を可能にしようと計画したことも、開道の要因となった。

一方、高遠領村々にも木曾側は同様に交渉を始めた。高遠領村々は藩と相談した上で返事をすると慎重な態度に出た。藩と交渉の結果、高遠領村々は、(1)新道造りに出る百姓が難儀をする、(2)背負荷渡世の者を失業させる恐れありとして拒否した。高遠領の代官は地元村民が反対ならばそれでよしとする消極的態度で、深く物事を考察することをしなかったのである。

その後、木曾と高遠領村々との話し合いが何回かもたれたが、行き違いや誤解などもあってすっきりせず、藩の対応もいたずらに延期するという意見に傾き、そのまま中止の方向にもっていこうとした。箕輪領側は積極的に工事を始めたが、道路の途中に高遠・箕輪領の入会地があり、箕輪領のみでは開道できず高遠領村々に協力を申し出た。高遠領村々は相談する一方藩との話し合いをし、実地

▼山村家
尾張藩の木曾の代官。

見分まで行いながら反対を主張した。結局、箕輪領に説得された高遠領村々はそのままずるずる人足を負担し、作業に入ってしまった。

この道路開削や交渉の過程で権兵衛も談合に参加し、高遠領の考え次第では我々も態度を決めると強硬姿勢に出て、高遠領村々は参加を余儀なくされて開道したのである。

権兵衛街道の開通により、のちの正徳二年(一七一二)に箕輪領と高遠領二〇カ村は木曾中三宿(福島宿・上松宿・須原宿)の代助郷に指定された。その後若干の村の変更があったが享保五年(一七二〇)正式に中三宿の助郷役が決まり、約束どおり箕輪領は人足のみ、高遠領は人馬勤めとなって大出村名主の危惧したことは現実のものとなり、以後幕末・維新まで高遠領村々は木曾助郷人馬役負担で苦しむことになった。

キリシタン類族事件

元禄十年(一六九七)二月藩主清枚は、前年取り調べた領内のキリシタン類族★山寺村常円寺住職の丹瑞の件で老中に伺いを差し出した。

中沢郷中曾倉村の百姓がキリシタン信者であることが訴人されて、寛永二十年

▼類族
五一頁を参照。

(一六四三)に逆さ吊りで処刑された。この時妻子は村預けとなった。子は高見村蔵沢寺の願いで出家して丹瑞と称し、のち同寺三世住職となり、さらに出世して山寺村常円寺十世住職となった。

丹瑞は徳を積み、寺院経営にも手腕を発揮し、常円寺住職中二度にわたって大がかりな仏事を行った。その後隠居して松本領法善寺に引きこもったが、法善寺住職が高遠領に来て丹瑞は僧侶の身でありながら似つかわしくないことがあったから、僧法の掟に従って処罰したいと申し入れた。丹瑞は理にあわないので拒否したが、法善寺住職は在所まで押しかけて訴願したため詮索した結果、女犯の罪があって丹瑞は押込み、女は村預けになったという内容であった。

元禄九年十二月から三カ月間の取り調べの結果、閏二月初めに山寺村河原にて処刑された。丹瑞は信者ではなかったが、類族とみなされたのである。

寛永年間のキリスト教信者の事件を経ること五十年余り、成長した丹瑞は伊那の名刹常円寺の住職まで出世したが刑に服するという数奇な運命を辿ったが、のち中曾倉村にいた丹瑞の関係者は類族とみなされ、常に厳しく村役人から監視されることになった。

中曾倉村の史料によれば、同村の城早という人物が三味線を教えるために出入りしていた後家と情を通じて愛人関係となったところに、加賀生まれで小間物商とも売薬商ともいわれたキリシタン信者が中曾倉村に来て、後家が信者にのりかえたために恋の恨みで訴人されたといわれている。

無宿者にされた百姓

藤沢郷黒沢村の長四郎は妻子と三人で生計をたてていたが、石工でもあったために元禄十六年(一七〇三)二月から東北地方に石工として出稼ぎに出た。息子の雲八は遠く離れた父の安否を気遣い、父を連れ戻して親子三人で小作農でもして生活したいという望みで、母の許しを得て陸奥に旅立った。しかし、雲八は途中で道に迷い所々を転々とした結果、駿河国の東海道に出た。行き先に窮した雲八は思いあまって駿河国の某村の村役人に援けを求めた。村役人は雲八を無宿者扱いとして江戸に送り、幕府道中奉行に引き渡した。

道中奉行は藩を通じて黒沢村の村役人に連絡した。一方、父親の長四郎は息子が旅に出てしかも無宿者にされているとは気づかずに黒沢村に戻り、陸奥に出かけた息子の安否を気遣った。知らせをうけた父親は今度は息子を連れ戻すために江戸に旅立ったのである。

舫要用米制度

安永二年(一七七三)八月藩は領内に「舫《もやい》要用《ようよう》米《まい》制度」★を触書で示し、領内村々に備蓄制度を発足させた。

その方法は、(1)この秋より家別・人別に米一升ずつ持ち寄り、老若男女の別なく、五年間で一人五升を掛け米として五年間続けて名主の所に出す、(2)掛け米が不自由な者は雑穀、商人は有り合わせの品でよいが、米一升に相当する物を出す、(3)一人何口でもよいが、それは備蓄として家族の冥加とすること、(4)藩も入用米の中から一升について一合の掛け米を出す、というのが規則で、この運用については、(1)天災・水難・火難・病気などの節は貸与するが、厳重な審査をして人選する、(2)状況に応じて利子を加減する、(3)備蓄米の余分は第三者に貸し出して利を生むのが適切であるが、村内に限る、(4)利子は相談して決める、などの心得を示し、ついで格別の慈悲で取り計らったものであり、これによってうける恩恵は子々孫々まで計り知れない、この趣旨をよく呑みこんだ上で協力し、不行届きのないようにせよと命じている。

この制度に対して、領内村々は冷ややかな対応を示し、翌三年八月の段階で藩

▼舫要用米制度
「舫」とは港湾中の船を綱でくくり、漂流することを防ぐことであるが、ここでは転じて領民の相互扶助を意味している。

の命に応じた村は八〇%にあたるが、残りの二〇%の村は延期、または拒否している。特に春近郷では反対が多く、郷全体の六五%が延期や拒否で、下殿嶋村でははじめから拒否の態度に出ており、上殿嶋村では再返答を求められながら返答せず、その他の村々は作柄の不出来を理由に態度を保留している。

百姓側は租税がまた一つ増したとしか考えなかったのである。その後の状況をみると、生活困窮のため藩より救助米や拝借米を得ている事例が多いので、この制度は必ずしも軌道にのらなかったと考えられる。

大庄屋制度

高遠藩には外郷である上伊那郷と洗馬郷に大庄屋制度があった。藩は外郷の在地支配の徹底化を企図して、代官と郷内村々の名主を統轄する目的でおいたのである。上伊那郷では近世中期ごろには廃止されたが、洗馬郷では原家が大庄屋として幕末・維新まで世襲的に存続した。

上伊那郷に事例をとってみよう。

同郷では寛永年間(一六二四~一六四四)が始まりとされ、初代は平出村の林家から出され、ついで正保年間(一六四四~一六四八)には同村から新村家が登場し、以後はこの両家が大庄屋役を担当した。享保八年(一七二三)に林家が病気で退任して新村家のみで役務を担当したが、安永年間に新村家も大庄屋役を退いて、この制度は廃止された。

安永六年(一七七七)四月の藩からの触書で、新村家は「含みの筋あり」との理由で役務を召し上げられて隠居を申し付けられた。この「含みの筋あり」の内容は不明である。藩は大庄屋制度を廃止した。以後は村役人が腹蔵なく話し合い、物事の軽重にかかわらず変事の際は早急に代官に伝えることを指示した。この指示を背景に上伊那郷村々は寛政四年(一七九二)と八年に嘆願書を差し出し、大庄屋が退任したことで郷中は大変ありがたく無難に生活しているので、以後大庄屋の設置は郷中が大変難儀するから任命されないようにと願い出ている。

大庄屋の廃止は推測の域を出ないが、宝暦から安永期にかけて大庄屋と郷中村々との間に対立関係が生じて役筋が没収になったこと、郷内村々には大庄屋に対する不信感が強まっていて再置を好まなかったこと、両家の存続や廃止が明確にされないまま時間が経過していたことなどが廃止の理由になったと考えられる。

大庄屋の職務を元文二年(一七三七)の例でみると、郷中よりの諸願書の書き上げ、税の小屋納め、宗門改めとその節の代官巡視の人馬割り付け、横川村への鷹匠・巣鷹見通行の注意、代官廻状への添え書き、お茶屋の普請修理や割り付け、人足催促、藩主帰国時のお茶屋賄い、沿道警備、国役金の徴収、法度帳の整理、牛馬帳の提出催促、奉行巡見日程と休泊割り、郷中役人の選択任命、水割り、治安、交通などであった。

山の口明けと掟

百姓には五月の草苅りは重要な仕事の一つであった。正月早々から草苅りに使用する縄をないはじめ、冬仕事として間に合わせ口明けを待つのである。

春になると村々は相談し、山の口明けを決める。伊那地方では米一俵取りは四〇坪を必要とし、そこへ馬一駄ほどの草を入れこむのが標準とされたので、耕作面積によっては草苅りの日数も続き、順々に苅る山も次第に山奥に移っていった。

享和元年(一八〇一)の新町村の例をみると、小横川山の苅敷取りは五月中より十七日前とし、沼の草は期間中三日限りとする。秣《まぐさ》★は秋の彼岸より約一カ月前であるが、その年の都合による。宮所村・宮木村・新町村三カ村の取り決めに違反してはならない。規則違反をする者がいるので、今年は山番をつける。もし、違反した場合は三カ村の村役人で吟味する、とある。五月中とは「夏至」のことで「秣」は「くず」などを採取するものである。

▼秣
牛馬の飼料とする草。

右のように村民平等の草苅りであるが、必ず厳しい山の掟が付随した。享和三年の宮木村の例をみると、(1)村で持山のない者は他人の持山への入山禁止、藪切り・下ごみに至るまで取らせない、(2)楡沢山は村中の入会山のため枯れ枝取り、藪切りは自由とするが、その他は禁止する、(3)秣や藪切りは定日以外に採取した場合は、見付け次第に過料銭★を徴収する、などを決め、これに違反すると

(1)　山の盗木は大小を問わず本切りは米一俵、松葉切りは米五升を課す。

(2)　家ごとに庭改めを行い、盗木のある場合は家の者に過料銭五〇〇文を課し、家にあるすべての木を没収し、役用木として使用する。

(3)　自分の持山でも入山時には組頭に届け、山札を持参する。

(4)　栗拾いのころは子供が鎌で若木を切ることがあるので、鎌は持たせない。

などと規定している。

辰野村では「腰札」を持たせ、落葉かきでも腰札の持参を義務付け、同村では「入札箱」や「めくら箱」という箱をおいて、盗木を見付けた場合は、この箱に投書させて密告させるという厳しい方法をとっていた。

▼過料銭
現在の罰金と同じ。

倹約令に違反した娘

高遠藩が領内に触れ出した法令の多くは博奕禁止と倹約令であった。藩は何回となく発布しているが、裏を返せば領民がこの法令を充分に守っていないためである。博奕の場合は本人はもとより親類・五人組・隣人・村役人までも連座★させて過料銭や叱り・過怠金★を課している。

倹約令の例をあげよう。辰野村の百姓某の娘が同村の祭礼にあたって、法度で使用禁止の「簪《かんざし》」を用いたことで発生した事件であるが、藩は、大変不埒である、厳重処分とすべきではあるが、女性の身であるため格別の慈悲をほどこすとし、簪は取り上げ、過料銭一貫文を課すというものであった。

文化三年(一八〇六)の倹約令によると、櫛・笄《こうがい》・簪類は手軽な品物を用い、銀・玳瑁《たいまい》★の類はもとより高価な品物は用いない、煙管《きせる》や煙草入れなども右に準ずるとされている。

年頃の娘が自慢げに簪を髪に挿し、着飾って村の祭礼に出かけたのであるが、娘心もままならない時世であってはまことに気の毒な話である。しかし、禁制品があるということは、それだけ領内に禁制品が出廻っていたことを証明すると共に、百姓でも禁制品のような高価な物を身につけるだけの生活的余裕が出てきたことを意味している。

▼連座
一人の犯罪について、特定範囲の人間が連帯責任を負って罰せられる。

▼過怠金
過失や罪科があった時に金品を納めさせる刑。

▼玳瑁
一メートル以下の小型の海亀。

村八分にされた百姓

文化五年(一八〇八)八月、高見村の百姓三人の家族が村八分★にされる事件が発生した。

高見村に入会山の出入りが起きた。その時同村百姓はいろいろと申し合わせをしたのに、三人は他村の百姓六人と一味同心して他村の者と同様の立場で行動した。このため、高見村の百姓は何事においても不利になるので、百姓たちは三人と交際することを拒否した。それでも三人の中には他村の者や自村の者と交際している者もいたので、高見村の百姓は三人を「村八分」とすることに決した。

そして、同村の百姓たちは次のような取り決めをした。(1)三人からどのような無心があっても断わる。(2)田畑を預かることはしない。(3)音物《いんもつ》(いんぶつ)★などは受け取らない。(4)不幸の節は一日だけ葬儀のために見舞う。(5)我々の仲間が三人方に出入りした場合は、米一俵ずつを出させる。(6)出入り中の入用は村中が割り合って出すが、出さない場合は山への出入りを禁止する、として、三五人連名で村役人に提出している。

村八分にされた三人は田畑の所有も多く、村では有力者であったらしいが、村

▼村八分
近世以降、村民に規約違反があった時、全村が申し合わせて、その家との交際、取引を断つ私的制裁で火事と葬式以外は交際しないことにより出た言葉。

▼音物
贈り物。

の利害に反した行為をして村八分にされたのである。

火縄水制度

この制度が用いられたのは入野谷郷大沢川水系であった。この大沢川は三峯川に注ぐ支流であるが、この限られた水量で小原村・下山田村が灌漑することには厳しいものがあった。特に夏の渇水期になると水不足となり、両村は水の有効利用のために種々協議して、二カ所に水盤を設けた。この水盤によって水を細別して分水し、田の耕作に利用したが、いかに水が貴重であったかを示す例である。

しかし、それでも水不足から文化年間(一八〇四〜一八)に「火縄水制度」を導入して水の適切な配分を行った。この制度は下山田村で渇水期に旧名主の指導で用いられ、水田耕作の反別に応じ、火縄の長さを五寸とか七寸に定め、この火縄が燃える時間の間は順次給水をうけることができるが、この間は他の水口は閉鎖されて水田耕作はできない。

火縄を用いる時は風で火縄が早く燃え切らないように風除けをしたという。これは少しでも長く、そして多くの水を得られるようにという百姓の切なる願いがこめられていたのである。

石灰使用で手鎖

近世では農業に石灰を使用すると稲の生長はよくなり、田畑の害虫駆除に効果のあることが実証されてはいたが、反対に水田に石灰を施肥すると稲の生長はよくとも、その米は毒で人体に害ありと信じられていた。

このため、信濃各藩では田畑への石灰使用を厳禁していた。高遠藩では化政期のこととされている。しかし、石灰のほうが干鰯などより安価で、肥料として効果があるので禁止されても密かに使用する百姓が絶えなかった。

天保元年(一八三〇)五月、禁止の石灰を密かに使用した上辰野村の百姓三人が石灰使用の罪で、人命にかかわるものを使用したとして「不届き至極、御制禁を相破り候の罪軽からず」とされたが、格別の用捨で三人は手鎖処分となった。しかし、禁令を破っても米作りに精出した百姓の農業に対する熱意はかってしかるべきであろう。

法令で禁止された石灰の使用はとどまらず、反対に稲作への効用が認識されはじめると、天保五年九月に「石灰養いにいたし候えば、抜群の利益もこれ有る趣相聞え」たから、以後は石灰使用を自由とする触書が出された。

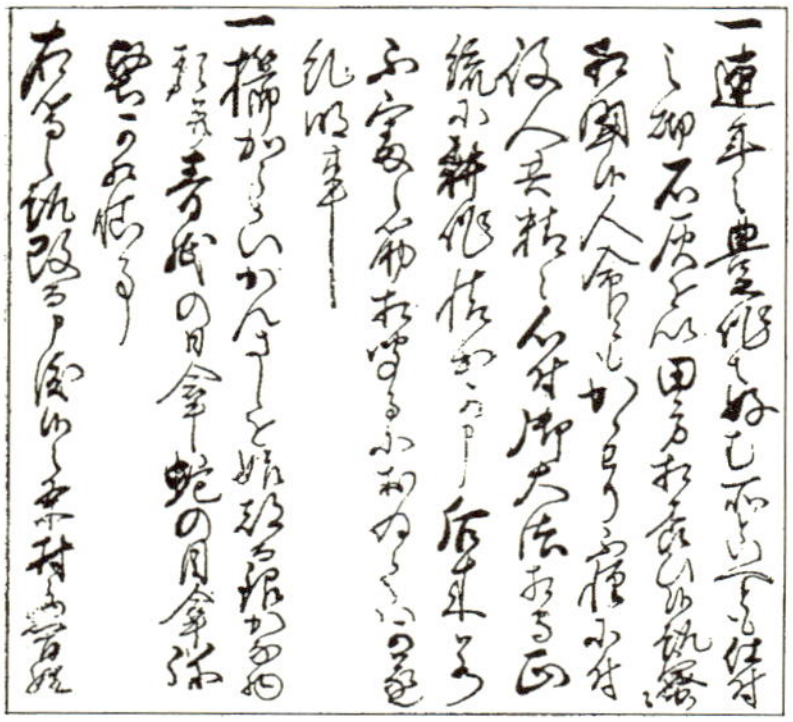

肥料の石灰使用禁止条令（部分）

領内では以前より石灰生産が行われ、石灰は産物会所で製造され、「高遠石灰・中沢石灰」の名で販売が保護されたこと、下伊那方面で石灰使用による効果があったことが、藩の禁止を解く契機になったと考えられ、さらに同十四年に石灰の税が免除されたことも一層石灰生産を活気付けることになった。

しかし、これでまた新たな問題が発生することになった。いわゆる環境破壊であった。原石の採掘が盛んとなり、山肌の露出や山自体の樹木を伐採して山を荒らすことになり、また新旧石灰生産者の利権をめぐる対立なども発生している。

藩主出府の見送り

嘉永三年(一八五〇)二月二十日、藩主頼寧は参勤のため高遠を出立し、道中七日間の日程を経て小川町上屋敷に到着している。

同五年正月に頼寧が出府した時の様子を当時町役人であった池上吉兵衛が「手記」に残しており、大変興味ある記事なので次に記しておく。

支度をして藤沢郷野笹村の石見堂まで来た時に雪が降り出し、次第に大降りとなって同郷中村辺まで来たころには田方★が真っ白になるほどであった。家を

▼田方
水田のこと。

出る時は星が見えていたから、何の用意もしてこなかったから大変難儀をした。殿垣外村の北原家に着いたが寒さがあまりにも強いので焚き火にあたり、酒を頂戴したのでようやく寒さを凌ぐことができた。それから御堂垣外宿まで参り、代官の今村（勝蔵）様に会って到着したことを申し上げ、伊勢屋で休息している所へ郡代の岡野（小平治）様が馬で到着された。岡野様も伊勢屋で草鞋をぬぎ、火にあたってから本陣に向かわれた。

岡野様が申されるには、もうすぐ殿様（頼寧）が到着されることと思うので、手近な場所で待つようにとの伝言であったから、本陣の前の向かい側の家で火にあたって待っていたところ、まもなく（殿様が）到着されたから、本陣の前の向かい側で雪の中を平伏していた。吉太郎殿（町名主北原吉太郎）もあとについて来られた。まもなく全員に本陣に来るように沙汰があったので、一同が（本陣に）罷り出ると御座敷にて酒をいただき、その際に道中御持参なさるようにと折詰三つを差し上げた。これは吉太郎殿ほか八人で鱒一折、赤魚の煮付け一折、つぐみ（鳥肉）一折であった。それから草鞋にてお供した。御堂垣外宿の出立は鶏鳴のころであったが、（見送りのための）松明はおびただしく、峠（松倉峠・金沢峠）の空は白昼のような有り様であった。

見送りをする領民の苦労がしのばれる「手記」である。

病人の村送り

江戸時代の旅は、旅先でどのような事態が起きても救済はあてにならない。旅立ちには相応の覚悟がいり、水盃で別れをしたあと出立したという。上伊那郷辰野村の法雲寺では同村の百姓に対して通行依頼のほかに宿泊所の提供、病気の際の介護、病死の時の処置などを書いて持たせている。

旅の途中で病気になり、旅費を使い果たし、治療すらもままならない場合は病人を国元まで送り届けるために、村の継ぎ送りがとられた。道筋の村々が人足を出し、台や戸板にのせて村から村へ継ぎ送るもので当時の救済方法の一つであった。

文久二年(一八六二)閏八月の事例をあげておく。

近江国蒲生郡西庄村の蔦という二十九歳の娘が巡礼の途中、北信濃の埴科郡小島村で「はしか」にかかり、その上持病の脚気が悪化して歩行できず、旅費の貯えも全くないことがわかり、村送りで国元の郷里に帰したいという小島村名主の「継送状」に、本人の所持する「通行手形」と「継送状」が添付されていた。「継送状」には小島村から始まって街道筋の村々の「名主継送状」が連記され、小島

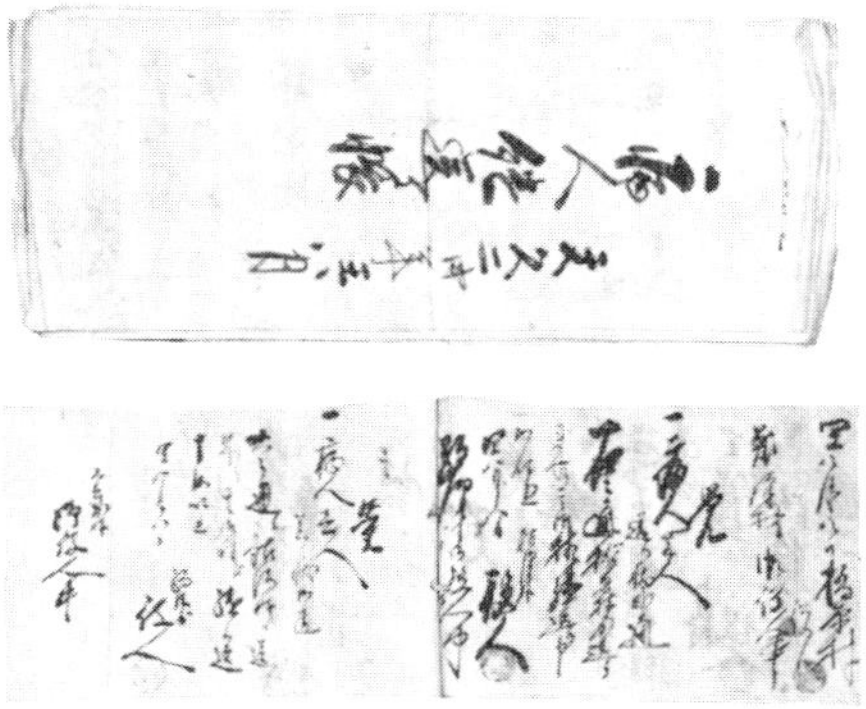

病人継送状

村から上田城下を経て中山道和田峠を越えて高遠藩領の平出村まで実に四八カ村の村民によって送られてきたことが判明した。

ところが平出村まで来た時に病状が悪化して、同村百姓の手厚い看護の甲斐もなく同所で死去した。名主は直ちに藩役所に届けを出して検視をうけ、持参の「通行手形」にあるように「村法」をもって平出村の高徳寺の墓地に手厚く埋葬し、国元西庄村へも一部始終を連絡した。

当時の旅行は、このような悲惨な結果に終わる例が少なくなく、街道筋の村々にはこうして命をおとした人びとを埋葬した墓地や、親類縁者によって建てられた供養塔が今も並んでいるといわれる。現在、宮木公園の東側にある墓地（現辰野町宮木）にはこのような供養塔をみることができるという。

東海道丸子宿助郷

慶応元年（一八六五）八月、藤沢郷片倉村や入野谷郷市野瀬村・中沢郷貝沼村など三四カ村が遠い東海道丸子宿への助郷負担を命ぜられた。

東海道丸子宿といえば「とろろ汁」で有名であるが、信濃の山深い谷間の村々がどのようにして東海道まで馬を引いて出られるのか、入野谷郷勝間村の年寄役

宮木村で命を落とした旅人の供養塔

勝蔵が惣代となって幕府道中奉行に「嘆願書」を差し出した。

　領内の助郷村九カ村は木曾中三宿（福島・上松・須原の三宿）の代助郷役を負担し、天保年間より領内三六カ村が加村出銭《かむらしゅっせん》★して援助している。公儀御用であるから貧村ではあるが何とか連年尽力してきた。三六カ村は城付地のため藩主への奉公が多く、人足奉公の村が大半で、今回の領主上京（長州征伐）で多くの者が駆り出され、残っている者は老人や子供のみである。藤沢郷村々は中馬や石工などの出稼ぎ人が多く、入野谷郷は木地村★で材木渡世を行い、年貢も薪炭で納入する土地柄のため、田畑の少ない村々である。藤沢街道は難所が多く荷運びに苦慮し、近年通行量が多く、宿駅では近村から助人馬を集めて継立てを行っている。さらに助郷の指村《さしむら》★（差村）を何回となくされ、和宮の通行、諸大名家の夫人たち、家族の通行などがあって助郷役を勤めてきた。本年はまれなる豪雨によって山崩れ、水没の田畑が八〇%近くあり、家屋も多く流失し、丸子宿の当分助郷は難渋のため免除されたしという内容であった。

　この免除願いを差し出すために惣代が江戸に出府しているが、その費用出費にも苦労し、入野谷郷の村々は村高割りと村数割りに分けて出費している。この免除願いは認められている。

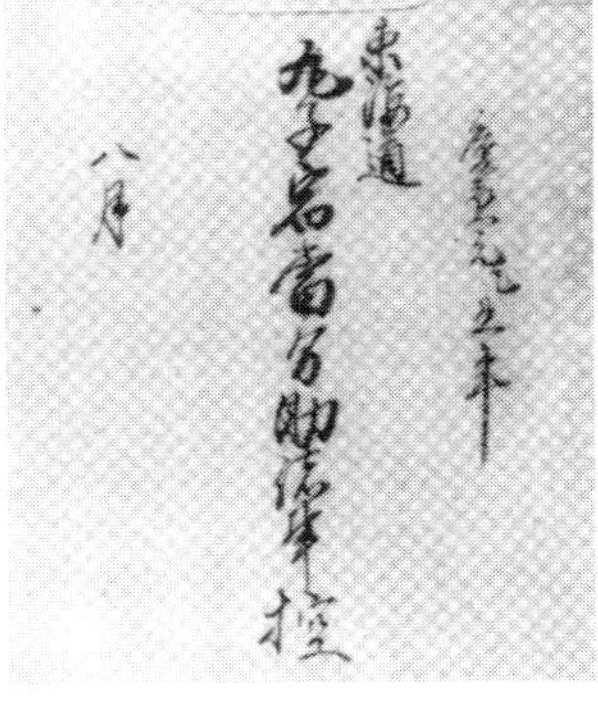

丸子宿当分助諸事控表紙

▼**加村出銭**
助郷負担をしていない村が、役負担している村を援助するために出す金銭。

▼**木地村（木地郷）**
主として材木を専門に扱う村。

▼**指村**
助郷役を担当する村が、していない村に助郷負担をするように指名すること。

これも高遠

高遠藩の災害

地震・火事

地震・火事の怖さは江戸の町民だけではない。山間・高遠も火災震災に遭っている。今も昔も怖いものは同じである。

伊勢屋火事

天保五年(一八三四)四月、城下本町より発生した火災は高遠史上に残る大火災となった。記録によると「四月十一日夜四ツ半時(午後十一時半)、本町伊勢屋己九郎殿酒蔵木小屋より出火し、問屋につき四方に飛火し、下り町南側、秋葉小路北側より東屋甚平、清水町浅間社下小路、せり町石橋、鉾持町柏屋、中之丞西側上田屋、新町番匠どまり、本町残らず、中町同、下町同、袋町西つまりにて三軒残り、しめて九丁焼失仕り候、前代未聞の大火にござ候」とある。これを焼失数でみると、勢利町は焼失家屋なく、残り九カ町で二四七戸、土蔵六二戸を焼失した。藩は城下復興のために新たに「町方支配」を申し付けた。

この火災の原因は不明であったために、当夜城下に宿泊した旅人は足止めされて、町方役人の取り調べが行われた。この中に松本城下町の町民万吉がいた。万吉は他領者であったから消火には出なくともよかったが、高遠町民と共に消火にあたった。抜群の働きをしたことで藩は「奇特の到り」として、鳥目三〇〇文を支給している。この大火を火元の屋号をとって「伊勢屋火事」と称している。

安政の大地震と高遠藩

安政二年(一八五五)十月二日夜亥の時(夜十一時)に、マグニチュード六・九の直下型大地震が江戸府内を襲った。これが歴史上著名な「安政の江戸大地震」であった。

高遠藩の上屋敷のあった江戸小川町は旧平川の埋立地であったがために被害は大きかった。小川町の上屋敷は崩壊したり、破損した箇所が多く、建物の下敷きになった圧死者は士分の者四人、中間三人で、僅かに土蔵一棟と長屋が残ったのみであった。深川嶋田町の下屋敷はすべて倒壊し、長屋は大破した。藩主家族は四谷下屋敷に移っている。さらに猿楽町から発生した火災によって上屋敷は焼失し、これを機に高遠藩は外桜田御門番と神田橋外二番の地の預かり役を免除されている。

藩は、領民に御用金を負担させての屋敷の再建を先送りにすることを決定した。しかし、放置できるものではないので、幕府より再建費二〇〇〇両を借用し、十年賦返済にしたいので毎年十一月に御用金を出させることにするという触書を出した。

この返済は領民が行うもので、その方法は元金二〇〇両に借用金二〇〇〇両の利子一割の二〇〇両を加えた四〇〇両を一回分として返却し、二回分は元金二〇〇両に残金一八〇〇両の利子一割の一八〇両を加えた三八〇両を返却する形で行い、十年間で元利とも三一〇〇両を返済するというものであった。

三一〇〇両を城下町と領内七カ郷が郷割りし、それをさらに郷内の村高によって分け、一カ村の割り当てを決め、村内では鍵割りと個人の所有高で割って両方の方法で負担したのである。

第五章　高遠藩の騒動

有名な「わらじ騒動」も終われば領民は藩政に協力する。

①わらじ騒動

藩主の公務要用金を領民の御用で賄うことへの反発が全領一揆に発展し、藩と結託した一部の領民への不平・不満が徹底した打ち毀しに発展する。騒動や打ち毀しをかけながら藩に詫びて御用金を出す。

騒動の発端

この騒動は文政五年(一八二二)七月に発生した。それまで藩は領民の年貢・御用金上納、領内外からの多額の借財を中心として藩政を運営してきた。しかし、領内における天災が加わり、文政三年の旱害による一万六千石、同四年の天候不順による約九千石の減収などがあり、その上藩主頼寧の相続以後、直ちに日光代参、外桜田御門番・桜田組防火役の担当などがあって、藩財政は崩壊に近い状況にあった。

さらに文政五年には大坂加番役★の担当が命ぜられ、その一年間の在坂費用の捻出に苦慮することになった。年寄浅利平太夫《あさりへいだゆう》★と郡代兼元締役興津紋左衛門《おきつもんざえもん》★兄弟の発案をめぐって重臣会議が何回となくもたれ、結局費用は領民の御用金徴収で賄

▼大坂加番役
なお、この加番役担当は藩主頼寧が数回幕府に依願した末の担当であり、その依願の目的は担当することによる合力米の確保にあった。

▼浅利平太夫
寛政五年(一七九三)御普請奉行、文化九年(一八一二)御用人、郡代、同十年年寄役、御勝手方御用勤め。

▼興津紋左衛門
文化三年(一八〇六)元締役、同七年御先手物頭兼元締役、同十年御勝手方・郡代・元締役、文政元年(一八一八)御用人・郡代・元締役、同三年御勝手方兼帯。この間しばしば手当金を下賜された。

うことに決定した。この会議で最後まで反対した江戸家老内藤半之丞《ないとうはんのじょう》と大目付格御取次役葛上長兵衛《くずかみちょうべえ》の両人は辞職した。

御用金上納の条件

両人の案は、領内の十五歳から六十歳までの男子には一日草鞋二足ずつ、女子には一戸で木綿織一反ずつを毎月上納させ、期間は五年間継続するという内容であった。しかも、別紙「覚書」があって、

(1) 女子には原料の糸を一戸について六把ずつ貸与して織らせる。

(2) 木綿織一反は長さ二丈六尺五寸、幅は九寸五分とし、一反の代金は銀四匁五分と定め、その代料より低い場合は上納品を差し戻して再度織らせる。代料以上の品物は差額を返却する。

(3) 草鞋は一足五文とし、規定は木綿織と同様に取り扱う。

(4) 一年のうち四月・五月は田畑の仕付け、九月・十月は苅入れ時のために、男女ともに免除する。

(5) 草鞋・木綿織を不納の者には、それに準ずる品物を上納させる。

木綿・わらじ奉公を申し付けた文書

(6)　長病や孤独者は、村役人の相談によって融通する。
(7)　御用の始まりは文政五年七月からとする。

と規定したのである。

そして、領内全村の村役人と小前百姓の惣代、城下よりは各町の丁代と平の町民代表一人ずつの計七三四人を出頭させて事情を説明し、特別の御用であることを強調した。

騒動の発生

領民は今まで数々の負担をしいられてきた上に、今回の御用も強制的に命じられたがために積年の不満・不平がこの段階で一挙に噴出することになった。

七月一日辰野村の百姓一八〇人ほどが天神山に押しかけ、ついで赤羽村も行動に出た。しかも鬨の声をあげて城内にまで立ち入って難渋を訴えた。藩役人は村役人や世話役の者の心得違いであるとして、責任を彼らに押しつけて逃げの手をうった。

七月二日には上伊那郷沢底村の百姓一〇〇人、三日には同郷北大出村・羽場村・樋口村など八カ村五二〇人、夕刻には上島村など三カ村三八〇人が城下に押

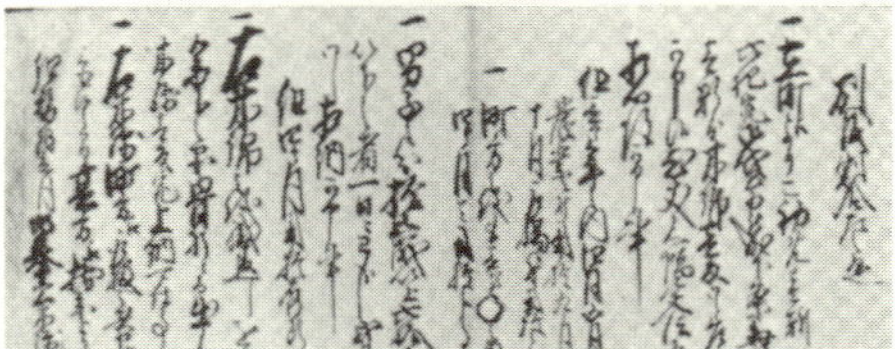
草鞋・木綿割当の触書

し寄せ、四日には中沢郷栗林村で五〇人（女性八人を含む）、五日には春近郷・藤沢郷二〇カ村約三〇〇〇人（うち女性八〇人）が押しかけ、藩役人の説得をしりぞけて城内に立ち入って説明を求めた。さらに川下郷村々の一八〇〇人（うち女性五〇人）、夜には中沢郷高見村など四カ村約四〇〇人が弁才天橋まで押しかけ、七日には入野谷郷村々の一四〇〇人が城下に押し寄せ、八日には藤沢郷の百姓も騒ぎたてた。

洗馬郷内の打ち毀し

八月一日になって騒動は意外な方向に発展した。洗馬郷七カ村の百姓代表が「落し文」を行って協力を求め、協力しない村や百姓の家を打ち毀すと触れた。「落し文」は「捨文」ともいい、書状をわざと捨てて他人に拾わせて内容がひろまるようにする方法である。「拝地百五十年祭」の項でも記したように郷内百姓の対立が要因となって、最も恨まれていた一四人の家を襲って六〇棟あまりの家屋や土蔵を粉みじんにし、更地のようにするほどの徹底した打ち毀しの行動に出たのである。大庄屋原熊三郎や小曾部村名主の新倉伴右衛門、本洗馬村の熊谷小平治の説得でこれ以上の騒ぎになることはなく収まった。

興津紋左衛門失脚の書状

騒動の決着

この騒動で興津紋左衛門の評判が最も悪かった。それは農家で使用される鎌は他所の物は不買にして城下の山屋源八と藤沢郷弥勒村の多右衛門両人の一手販売とし、蚕種も同様に他所の蚕種商人の物は藩と結託して売らせず、川下郷川手村の八郎兵衛の専売とし、しかも売薬商人からは銀一六匁の運上を支払わせるなどの悪徳商法をさせたのは、興津紋左衛門が賄賂をとって許可したものであった。

一方、藩は百姓にこのまま押しきられ御用を中止したとあっては恥とばかりに、同年十一月になり洗馬郷に一斉手入れを実施し、騒動参加の者を捕らえ、そのうち六二人を城下に投獄した。吟味の結果、大部分は同年末には釈放されたが、なお入牢続行になった者もいたが郷内寺方の嘆願により帰村した。この他上伊那郷、その他にも処分者が出たが、上伊那郷の百姓のみ領外追放者を出している。

さらに洗馬郷の大庄屋原熊三郎、新倉伴右衛門、熊谷小平治も高遠で投獄されたが、のち役職没収の上釈放された。投獄期間中新倉伴右衛門は牢獄での生活や高遠のこと、自己の心境などを書き記し、故郷で待つ老いた母親には心配せぬように伝えた「手記」が残されているが、その手記を見ると百姓とは思えないよう

興津紋左衛門の墓

▼わらじ騒動
興津紋左衛門が原因となって起きたことから興津騒動ともいう。

な学問の素養があり、文才にたけた人物であったことがわかる。また、老いた母親は牢獄にいる息子のために冬の間少しでも暖かく過ごせるようにと、自ら夜鍋して真綿入りの衣類を縫って送ったという。

一方、藩側も騒動の責任者である興津紋左衛門を罷免して四〇日の閉門とした。文政八年三月には興津と浅利を領外追放とし、興津は諏訪領池袋村で生活し、その地で死去した。また、藩重臣や代官も交代したが、代官は全員が交代している。

騒動を起こして詫びた百姓

文政五年の「わらじ騒動」★（興津騒動）による処分が最終的に終了した同八年六月、領内の村々は「願書」を出して詫びると同時に、金一〇〇両を藩に上納している。

去る午の年（文政五年）に、藩の御用に対して郷中一同が騒ぎ立てて奉公筋を中止させたことは、藩主や家中の名を汚し、顔をつぶすようなことをして大変申し訳なく思っている。その上種々の御仁恵筋を申し伝えられて大変有りがたく存じている。このため、前非を悔い、藩の名目をそそぎたく思い、少分ではあるが郷中より金一〇〇両を献上したい。

文政七年の家中法度

この年藩役所は領内の百姓一揆が終結したあとをうけて、領民からの金品上納が抵抗を招くことを反省し、また財政困窮のおりから、家中藩士に厳しい倹約・節約に関する二十一カ条の法度を触れ出している。主な項目をあげると次のような内容であった。

(1)音信贈答は親子であっても、他家に片付けた者には禁止する。
(2)前髪取り、鉄漿筆の贈答は条件付きとし、その礼は魚類か代料とする。
(3)在町の者の品物持参は、今後一切受け取るを禁止する。
(4)出会いや仲間寄合でも酒・菓子を出すを禁じ、酒を出したとしても乱酔せず、定めの刻限を守る。
(5)結婚や養子取り、仏事であったとしても軽く取り扱う。
(6)無格・足軽共の吉凶は手軽な酒食を出し、少分の品物や酒代を贈る。用事を依頼しても手軽に謝礼する。
(7)在番者の往来に弁当を出すことは一切禁止する。帰着した場合は小弁当に野菜の煮物三種と梅干・香の物で酒・魚類は見合わせ、供の者には香の物と味噌とする。
(8)衣類は廉服とし、是まで用捨した衣類

この種の「願書」は中沢郷と春近郷で散見されているが、あるいは全領で行ったものと考えられる。これは公務御用に対する費用が騒動のために用意できなかったのを、百姓がのちになって献金の形で負担したのと同じである。

代官罷免要求

郡代の下役で各郷を支配する代官は、直接民政に関わるために、代官の政治的能否は直ちに領民生活に関係した。

天保三年(一八三二)十一月、領内の入野谷・川下・中沢・上伊那の四カ郷の百姓が「捨文」の形で、時の代官頭取高田六右衛門を訴える事件が発生した。「捨文」は前述したように、訴状をわざと落として他人に拾わせ、それによって事実が多くの人びとに伝わるようにする方法である。

この「捨文」の内容は、

(1) 高田六右衛門が頭取になったことで大変迷惑している。

(2) 文政年間に代官になった際、領内に無尽を実施し、その時に不参加の者は

の新調は見合わせ、家族も従来用いてきた縮緬までは格別とする。新調はしない。

(9)夏・冬の羽織は見合わせ、なくてもよい。明年より麻・木綿羽織を用い、かつ寒気の節のみとする。平常は用いない。

(10)足軽共の家屋は分相応のものとし、違反した場合は家屋を没収する。

(11)大小の拵えも最近は贅沢となっているが、それは武道の心懸けの薄い者がいるためであるから、以後贅沢な大小を用い、武道を批判する者は言語道断である。紫の下げ緒は禁止するが、拝領の場合は格別とする。銀・かなもの類での大小の拵えは停止する。従来所有している物は給人以上は認める。無格・足軽共の大小は赤金・鉄・真鍮の類とする。

(12)無足の者が羽金・角頭・鮫鞘・蛸鞘を用いること、持槍の鞘は見合わせる。但し、拝領の場合は届けの上で認める。

(13)家中の妻子や厄介人の簪類は廉品を用い、給人以上の妻子は軽い銀の簪類一本は認め、無足・足軽以下の妻子は赤金・真鍮のみとする。

(14)家中同志で無益の文通は停止する。

(15)たばこ入れの類で腰帯などに手間のかかったもの、銀ぎせるなど目立つものは停止する。

特に家中藩士の衣類・帯刀に関しての

再勤を命じられ、掛け金を負担できない者の中には悪事までして掛け金を調達した者が大勢いる。

(3)　年貢割付をした際に、少々よけいに米を無心したいと要求し、ために難儀している名主も出ている。

(4)　領主様は新政策はしないと仰せられているのに、代官は賄賂を出せば何事も目的を達せられるような政策をとっている。

(5)　代官支配は一郷支配と思っていたが、当節は全領支配のようになり、賄賂をもって願い出れば何でも通る始末である。賄賂を出さない者には当人を悪しざまに吹聴し、その上含みの筋も多い。

(6)　賄賂を出せば言語道断なる者もよく扱うので、領主様の仰せ出されたことと大いに相違する。賄賂のない領主様の主張どおりにしてほしい。

とあって、領内すべて同様に扱ってほしいので、代官頭取高田六右衛門の罷免を願い出たのである。

しかし、この「捨文」は代官下役の清水丹左衛門に届けられたが、高田六右衛門の罷免は達成されなかった。高田六右衛門は文政五年(一八二二)に代官となって、天保六年まで役を担当している。

条項が詳細となっていることが、特別といえよう。

　このほか、藩は同時に五つの法度を同様に大目付を通じて布達している。

　生活が難渋することを内分にしてほしいなどと重役に直々に述べたり、なかにはいわなくともよいことまで申し立てる輩もいるから、今後はいわぬようにすること。役人のうちには常々御用多きを表に出し、償いを求める者も多いが、御用をして償いを求めるのは心得違いである。役人の中には苗字を省略する者がいるが、以後は仮勤めであっても苗字をつけること。近年は増長して心得違いの者もおり、贄をつくして華美を好む傾向にあるが、それは不覚悟の至りである。規定を破った者は糾明する。音信贈答の品とみえるようなものの持参は、包みをといて中を改めよ。

　さらに、酒食をした場合は判明次第双方を吟味するとし、無足・足軽には賭事を好む者がいるので、時節柄家中における賭事、楊弓の賭け、かるた取り、足駄や雪駄類の使用、厚鬢《あつびん》にすることを禁止している。

これも高遠

高遠藩の災害

現代のような寒さに強い稲はなかった。火山の噴火や冷夏・長雨は暮らしを直撃し、人びとは飢えに苦しんだ。

飢饉

天明の大飢饉

歴史上著名な天明の大飢饉が高遠藩領でその兆候が出始めたのは、天明三年(一七八三)になってまもなくのことであった。川下郷御薗村では二月に飢人が出たことを願い出て、藩より救助米を得ている。

七月の浅間山の大噴火や降灰があって次第に米価は高騰し、領内各村々で飢人が多数出るようになり、八月だというのに大霜が降り、綿入れの衣類を着ないと生活ができない状況になっているところに、天龍川が満水して領内に被害を出した。さらに長雨が続いて冷気厳しく、稲は生育せず、その上蝗《いなご》の大発生となって僅かな作物まで食い荒らされ大凶作となった。

この時、春近郷内の一二カ村の百姓たちは寄合を開き、「郷中の定十二カ条」を決めて凶作と蝗害による年貢免除を藩に願い出た。

この天明三年の大凶作のため、収穫は例年の三割にも満たず、米価は値上がりして、領民は蕨や葛の根、どんぐり、栃の実を食用とし、藩へ現状見分の願いを続々と提出した。藩は救助米を放出したが「焼け石に水」の状態でほとんど救助にならなかった。

この状況下に飢人が続出し、家を棄て着のみ着のまま各地をさまよい歩き、行倒れ人は道路にあふれた。これに追い討ちをかけるように疫病が流行して多くの死者を出した。

天保の大飢饉

高遠藩領内では小さな凶作・不作・飢饉などはままあったが、天保年間(一八三〇〜一八四四)の大凶作飢饉は他に例がなく、これと比較できるものは前述した天明の大飢饉と慶応の大凶作であろう。

この天保の大飢饉は藩体制にも大きな影響を与えた。領内に残されている『天保四発巳歳ヨリ同八丁酉歳マテ凶作違作日記附録』によると、領内の大飢饉の様子は「天保四年癸巳になって夏の初めから秋の末に至るまで雨降り続き、快晴なる事はたまたまなり、十月始めより穀物相場両に米五斗、大麦一石、粟八斗、大豆一石一斗、稗六俵なり、同月下旬に両に米四斗五升、大麦六斗、粟七斗五升なり、皆人山野に出て野老・葛根・蕨・牛蒡・菜の類集める人数夥し、ここに一つのためしあり、大麦の生ずる時、葉右へ巻けば違作、左へ巻けば豊作と知るべし」と伝えられている。翌年は陽気暖かく作物の生育にはよかったが、小麦のみは大違作となった。六月から七月には旱魃となり、各地で雨乞いが行われた。さらにその翌年も冷気甚だしく、田方青立ちであったが同四年ほどではなかったが、同七年には再度大凶作・飢饉となった。

これが高遠藩領の天保の大飢饉の様相であった。この大飢饉のさなか飢えに苦しみ天龍川に投身自殺した百姓の家族も出る有り様であった。

◆2 村方騒動

村内の結束を固める唐傘連判、自己の権利要求を老中に直訴する。
領民は自己の意識向上と平等の権利と待遇を追い求める。
自己の身分差別を解放するために権利を求め、苦悩する領民。

唐傘連判

宝永七年(一七一〇)六月、入野谷郷黒河内村・溝口村など四カ村の百姓が幕府巡見使に「唐傘連判」★をしたのち訴訟を起こした。

一般に訴訟文の署名は平列に記すのが多いが、平列に記すと責任者や首謀者が直ちに判明するため、唐傘のように円形に署名することが行われた。こうすると責任者が隠され、訴訟はやりやすくなる。前記四カ村以外にも、春近郷殿嶋村やその他でも巡見使に対して訴訟した史料が残されている。

入野谷郷四カ村の百姓九〇人ほどの名が数えられる。訴訟の内容については一言も記していない。この時の四カ村の訴訟内容は他の史料から検討すると、元禄検地への批判であると共に、検地のやり直しを要求したものであった。そして、

▼連判の内容
この連判は巡見使に訴願する前の段階で村内の百姓が結束を固めるために行ったものである。

文面をみると地頭や村役人衆より吟味があったとしても、我々は相談して訴訟したのであるから、「壱人も退き申すまじく」と断固たる決意のほどを示している。

結果をみると、検地は実施されていないし、百姓側にも処分者を出したような記録がないことから、巡見使の立場で握りつぶしたか、百姓を説得して藩役人や村役人に知らせないことを条件に却下したとも考えられる。

運上橋出入り

安永三年(一七七四)天領の赤須村の彦市など三人が飯島代官所に太田切川に「運上橋」を架設することを申請した。「運上橋」とは橋を通行する人馬から通行料金を徴収して、その一部を領主に納税する橋のことである。

飯島代官所から打診を受けた高遠領宮田村は、運上橋になると近村の者は生活のために一日に何度も通行するから、橋銭がかさむことや、大水の節でも至急の公用便には御用を勤めてきたが、架橋すると瀬越し渡世ができなくなることなどを主張して、従来どおり無銭通行を要求した。

宮田村と同郷の中越村も反対し、運上橋が架橋されると田畑が荒らされて大変迷惑であると主張したが、飯島代官所は往還道以外の場所には架橋させない、運

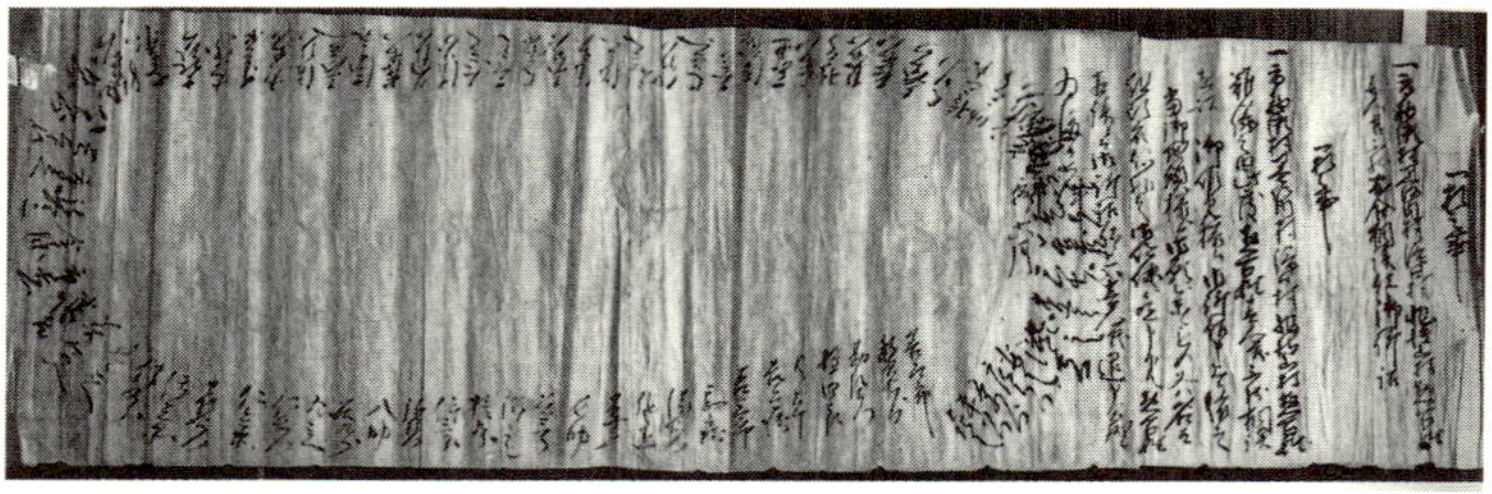

幕府巡見使に直訴した笠連判状

上橋を造ることに不満があるならば川を歩いて越せばよいなどと強制的に承知させた。

赤須村では飯島代官所に冥加金を出すと共に陳情を続け、金の力によって「運上橋」の架設を実現したのである。

法華騒動

天明六年(一七八六)二月、春近郷小出村に法華騒動が発生した。曹洞宗常輪寺の檀家であった茂左衛門が離脱して法華宗深妙寺の檀家となったのである。茂左衛門は深妙寺からも離れ、数十戸の信徒を集めて「今日蓮」と称して、「御法度宗門の類」の行動に出た。

このため、春近郷殿嶋村光久寺、小出村常輪寺と深妙寺の三カ寺から藩に訴願が出された。茂左衛門は厳しい拷問をうけたが、自らの信念を貫いたため、同年九月家族と共に領外追放となった。処分は春近郷・入野谷郷・藤沢郷など広範におよび、入牢三人、手鎖一四人など多くの犠牲者を出した。

そのため、農作業に支障をきたすので、入野谷郷荊口村弘妙寺《ぐみょうじ》、山室村遠照《おんしょう》寺《じ》の願いで、手鎖になっていた百姓を一時釈放して、農繁期に就業させることにした。

宝暦十年(一七六〇)同じく常輪寺から勘助という百姓が離脱して深妙寺の檀家となったことがあったが、この時は、深妙寺の考えで本人一代限りとすることで決着した。勘助の妻子は従来どおり常輪寺の檀家にとどまり、茂左衛門のような騒動に発展することはなかった。

門屋百姓の老中越訴

幕府老中松平定信に越訴《おっそ》(訴願者が藩主・代官・名主などの上位の者を飛び越して訴えること)が行われた。騒動は川下郷小沢村の長百姓★と門屋《かどや》・被官《ひかんびゃく》百姓《しょう》★との確執であった。

年貢割付の不公平、検地帳の公開要求、長百姓の我がままな村内運営に不満を抱えた門屋・被官が、一般の百姓並みに苗字や家紋を使用、冠婚葬祭の席で厳禁の裃《かみしもはかま》袴を着用したことが両者の対立を生み出した。

騒動の中心人物金右衛門は小沢村に居住し、享保十六年(一七三一)には屋敷地を所有した。長百姓で主家であった藤右衛門とは親子同然の間柄で、日常生活も親密な関係にあった。

▼長百姓
一三四頁参照。

▼門屋・被官百姓
親方百姓の納屋などに住まい働く門屋百姓と、親方百姓に労役奉仕を義務づけられていた百姓。

宝暦八年(一七五八)七月金右衛門は年貢割付の不正を訴えて敗れ、手鎖一二九日、入牢一六日、十一月に百姓預けとなっている。同十一年に五人組から金右衛門兄弟の我がままありと訴えられて兄弟ともに手鎖、小前百姓六人、家族二六人が五人組外れとなった。

天明八年(一七八八)六月、百姓の葬儀で裃袴の着用から村民が騒ぎ出して一斉に退出し、葬儀は二代目金右衛門と近親者のみですましたが、門屋の裃袴の着用は厳禁となった。その後も金右衛門の屋敷地をめぐって主家と出入りとなり、その他同様の事件が何回となく発生している。

同年十一月金右衛門は平沢村名主を案内役に、小沢村の長百姓を添え役として江戸上屋敷に直訴した。寛政二年(一七九〇)正月、金右衛門は江戸芝車町の親類預けとなったが、四月二十一日、寛政の改革で著名な老中松平定信に「このまま捨てておけば老年の親、幼少の子まで渇死してしまう。もし私が領主に引き渡されたら願いの筋は埋れ木となる」と越訴をかけた。

幕府は寺社奉行牧野備前守忠精《ただきよ》★による吟味を行い、七月には金右衛門は村役人と帰国し、八月に越訴は取り下げとなった。

親子二代にわたり手鎖・入牢・戸締めと咎めが繰り返され、生活基盤である五人組から家族ともども除かれ、宗門帳からも外され、しかも処分によって働き手

▼牧野忠精
越後長岡藩主。天明元年(一七八一)奏者番、同七年十二月寺社奉行を兼ねる。寛政二年(一七九〇)八月大坂城代、同十年京都所司代、享和元年(一八〇一)老中、文政十一年(一八二八)再度老中となる。

を奪われた門屋百姓の悲惨な状況は想像にかたくない。

木曾助郷騒動

寛政八年(一七九六)三月、木曾一一宿と伊那谷助郷村との間に、大きな騒動が発生した。

木曾福島宿の人足会所から紀伊徳川家上国御用のために、高遠領助郷村九カ村に伝馬負担をする旨触れが出た。しかし、九カ村は病人が多く稼動できる人馬は不足していた。木曾福島宿の人足会所は御用人馬の実動分のみの賃銭を支払い、かつ不足があっては御用に差し支えて我々も困ると厳重に抗議して、高遠領内の他村に増村《ましむら》★の挙に出たのである。

高遠領助郷村々は幕府道中奉行に負担免除の訴願を行い、木曾側は伊那助郷村々の不参・遅参・減参★は今に始まったことではなく、何回もあったと主張した。高遠領助郷村々は再度免除願いを差し出し、負担が重いと判断した場合は不参があってもよいという前例があるから、今回も重役と思うので負担しなかった。それを不参といわれるのは心外で、他村に増村されると我々元村は他村より加村《かむら》出銭《しゅっせん》★されているから、それらの村々に指村《さしむら》★(差村)されると出銭が減少し、困

▼増村
増助郷ともいい、通常の助郷役で不足の場合はその不足分だけ御用をしていない村に役負担させられる助郷のこと。

▼不参・遅参・減参
不参は助郷役を一切負担しないこと。遅参は期日に遅れて出ること。減参は指定数を減らして出ること。

▼加村出銭
一五五頁参照。

▼指村
一五五頁参照。

難になると反論した。

これ以後、高遠領助郷村九カ村は藩役所に領内加村の余荷銭《よないせん》★の値上げを要求し、将来の助郷役負担に支障のないよう取り組んだ。この争いは高遠領と木曾宿間のみの問題ではなく、諏訪藩領や箕輪領の助郷村々をも巻きこんで長期化し、寛政八年十月に至り、騒動関係者一同が江戸に呼び出されて裁決となった。

高遠領・箕輪領二七カ村はたびたびの不参によって名主は「過料銭《かりょうせん》★三貫文ずつ」、組頭と惣百姓は「急度叱《きっとしか》り」★、組頭と惣百姓は「急度叱り」、高遠領・箕輪領助郷村四十カ村は免除願いをしたが前非を悔いたので、惣百姓は「急度叱り」、三留野宿《みどののしゅく》以下四カ宿は途中で願書を取り下げたので「御構いなし」となったのである。

▼余荷銭
宿駅や助郷村などが、人馬賃銭を割り増して要求すること。

▼過料銭
一四六頁参照。

▼急度叱り
厳しく訓告すること。

春近郷七カ村大井筋騒動

文化二年(一八〇五)六月、太田切川の水利をめぐって騒動が発生した。下流四カ村(赤木村・下牧村・中越村・諏訪形村)が上流三カ村(宮田村町割・同北割・同南割)を藩役所に訴えた。

五月十四日の大雨で堰口が崩壊し、先例に従って人足五人ずつ出すことを下流四カ村が触れ出したが、上流三カ村はほとんど不参加となった。下流四カ村は享保十三年(一七二八)の時の代官裁許状★を見せて人足差し出しを要求したが、上流三カ村は雨天や水量の多い時は人足を出さない規則になっていると反論した。

十一月に藩役所は人足の不参は双方の心得違いで、上流三カ村で増水に気づかない時は、下流四カ村が触れ出すのは当然のことで、上流三カ村は直ちに人足を出すべきであるが、水源は上流三カ村にあり、すべて下流四カ村が触れる筋はないと裁定を下した。

この争論で藩役所は双方に和解することを提案して解決させたが、新たな洪水・旱害があれば何度でも起こる性質の問題で、実際にこの流水問題は昭和の用水改良の時まで解決しなかった。

▼代官裁許状
代官が出した判決文のこと。

新山村入札騒動

中沢郷新山村で名主の入札（選挙）をめぐる村方騒動が起こった。宝暦七年(一七五七)枝村が役家筋でない者に入札し、高札★になったことに始まる。役家筋は藩に訴え、本村の役家筋へ差し換えとなって解決した。

文化五年(一八〇八)の入札で再度枝村より高札者が出た。藩の説得で再入札と

▼高札
最高得票数を得たこと。

なったが、枝村の平百姓がまた高札者となった。藩は枝村に三度目の入札を命じたが、枝村は才覚金の不正や村方諸帳面の公開など、一三項目にわたって本村役家筋への要求や糾明を求めた。

藩は吟味の上、名主は本村の六戸の役家筋で務め、枝村は代判役★と組頭役を各一人ずつ選出することとし、騒動の煽動者探索を行った。枝村の百姓二人の追放、騒動の頭取三人の謹慎、高札者の百姓は年寄筋に任命された。

文化九年に再び入札をめぐる対立が発生。枝村は本村から独立したいとの願書を差し出したが、藩の吟味を経て枝村は立合名主を置くことで決着。以後、村の諸帳面の閲覧、筆写は可能となった。慶応二年(一八六六)枝村の一村独立が正式に認められ、戸数二八戸一五八人が中新山村として独立した。

▼代判役
名主の代わりを行う役。

入野谷郷蓑負騒動(いりのやごうみのおいそうどう)

明治二年(一八六九)十二月、入野谷郷木地郷五カ村(黒河内村・杉嶋村・市野瀬村・浦村・中尾村)の百姓が生活困窮を訴願して、城下に押し寄せた騒動である。

木地郷五カ村が御用木上納を強制され、しかも増量されたことで滞納者が続出したこと。藩からの支給手当では生活ができず、凶作のための年貢引き下げ要求も拒否され、年賦上納の要求も拒絶されたことなどが要因となっている。

明治二年十二月一日、木地村百姓約二〇〇〇人が城下に押し寄せ、真夜中に藩役所まで迫った。

藩側は藩士を招集し、焚出しで百姓をなだめ、願い筋の書き出しを村役人に指示したから、木地郷では二日夜に一八カ条の嘆願を行った。藩の大参事浅井清・岡野小平治が評議して、明治三年の秋までに生活できるように取り計らうこと、天朝の仕法であるものは、天朝に届け出た上で回答するとしたので引き上げとなった。

藩は木地郷の願いを取り上げ、同三年五月に要求どおり御用上納金を十年賦返済とし、拝借米の返済も二十年賦返済とした。

その後、藩は責任者の処分にのり出し、首謀者六人を入牢させ、五カ村の村役人は宿預けとした。

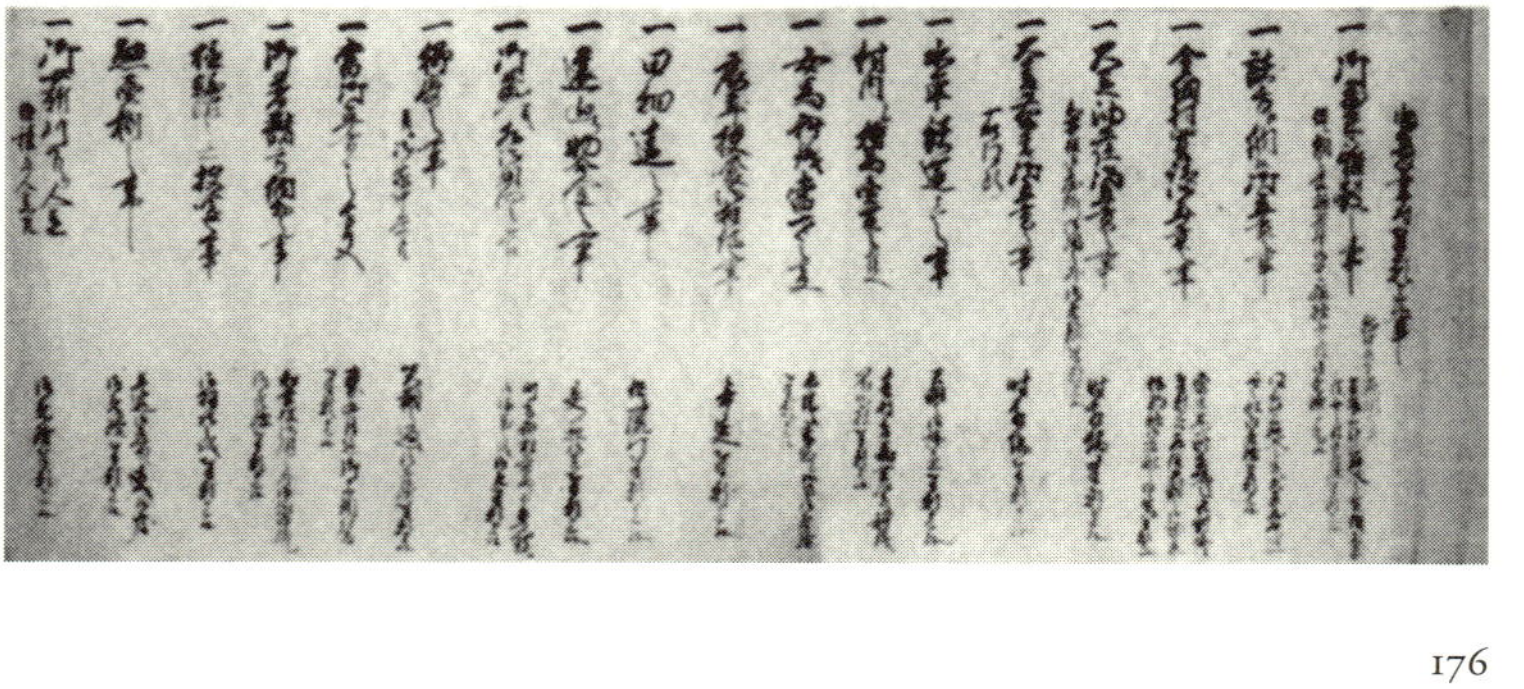

明治二年の嘆願書

第六章 高遠藩の幕末・維新

真偽入り乱れる幕末にも何とか藩を維持した。

①中央政界と高遠藩

幕府政策に利用されながらも藩の意志を貫き、家臣や領民の命を救う家臣たち。
将軍家茂の身辺警護をし、大坂市内の治安を保つ。
ペリーの来航にあたり、領内の石工を提供する藩。

ペリーの来航と高遠藩

嘉永六年（一八五三）六月、アメリカ東インド艦隊司令長官ペリーが軍艦四隻で浦賀に来航して開国を要求した。

幕府は同年十一月、彦根藩・加賀藩・肥後熊本藩など九大名に海岸防備を命じ、品川沖に急遽一一カ所のお台場の造成を計画し、異国船の進入を防止しようとした。

この時、諸国の石工が徴集されたが、高遠藩領からも台場工事のために領内から厳選した若き石工★一〇〇人が動員された。そして、六カ所の台場を完成させたが莫大な費用がかさみ中止された。

幕府は台場造りや諸事入用に悩み、諸大名や庶民に国防献金を

黒船、周りは幕府側の舟

命じたが、高遠藩でも同年十月に勝手方御用達を招いて、異国船来航による入用として三年間で九〇〇〇両の御頼金《おたのみきん》★を領内より集めて献金した。

翌安政元年（一八五四）正月ペリーの再来航によって、幕府は諸藩に緊急出動を命じた。高遠藩の場合は正月十一日・十二日両日に在所の武器類をすべて上屋敷に集め、上・下両屋敷に藩士を待機させ、二十三日には緊急の際は板木を打つ場合もあるので出動の覚悟をすること、二十五日にはアメリカ大統領フィルモアの誕生を祝って祝砲を打つこともあるが動揺しないことを告げ、二月八日には一人残らず詰めさせ、角力取りから百姓までが下屋敷に集合した。

高遠藩は使節に米俵の贈り物をするために力のあるところを見せつけようとして、角力取り三人に米俵をかつがせて浦賀に送っている。

高遠藩の軍備

嘉永二年（一八四九）九月、高遠藩は臨時に江戸警備を命ぜられた。藩主頼寧《よりやす》は鉄砲を江戸に送り、下屋敷に射的場や練兵場を新設して調練させ、大森村に大砲射的場を造作して荻野流砲術の教練にあたっている。また老臣星野蔀（諱《いみな》は純政）は『武学拾粋《しゅうすい》』を著作して藩士の士気を鼓舞している。

▼高遠石工
高遠は石工の郷《さと》でもある。険しい山間なので、石を動かす職人が生まれ、農閑期に石工として出稼ぎするものが現れた。関東一円に高遠石工の作品が残っている。特に守屋貞治（明和二年〜天保三年＝一七六五〜一八三二）は石に命を与えた男とも言われ、三四〇〇体以上の石仏を残している。大聖不動大名王は町宝に指定されており、建福寺ではたくさんの石仏を見ることができる。また、高遠石工の作品としては安曇野の道祖神がよく知られている。

大聖不動大名王

▼御頼金
御用金のこと。

安政四年(一八五七)頼寧は調練をみて、自藩の荻野流・大嶋流兵法が時流に合わず、迅速機敏な西洋流におよばないことを痛感して西洋流兵法の採用を決意した。このため、韮山の代官江川太郎左衛門《えがわたろうざえもん》英龍《ひでたつ》が砲術の大家であったから、依頼して教練をうけさせた。西洋流採用は在所高遠にも通達され、青山三蔵・小野寺助太郎らの藩士を江戸に招き、江戸新銭座で江川の教授をうけさせ、その技術を高遠に伝達させた。

また、川越藩の肥田金之助を高遠に招いて西洋流調練を指導させ、鍛工矢野万兵衛に西洋式大砲を鋳造させ、これを用いて月蔵山麓で練兵、勝間村で演習をさせた。同年十月以降江戸の剣術師斎藤弥九郎★、長州の桂小五郎★を高遠に呼び、藩士に剣術を修業させている。

頼寧時代には出兵の機会がなかったが、頼直時代には長州征討、越後・会津戦争に出兵し、高遠藩の名をあげた。越後戦争にあたっては藩士野木捨三郎★が、北越鎮撫使・越後口大参事でのち首相となり、日本最後の元老となって明治から昭和の日本政界を担った西園寺公望の若きころの危急を救う手柄をあげている。

▼斎藤弥九郎
江戸後期の剣術家。神道無念流を岡田十松に学び、桃井春蔵・千葉周作とともに幕末三剣客の一人。江川英龍の手代として西洋砲術を学ぶ。徳川斉昭や毛利定弘に尊王攘夷を説く。

▼桂小五郎
木戸孝允、斎藤に剣術を、江川に洋式兵学を学ぶ。西郷、大久保と共に維新の三傑といわれた。五箇条の御誓文を起草、征韓論や台湾出兵に反対。明治政府の重鎮となった。

▼野木捨三郎
野木要人の子。藩校進徳館の句読となる。

和宮の通行

老中安藤信正の画策によって朝幕間に公武合体政策が成立した。

文久元年(一八六一)八月、老中久世広周《くせひろちか》★から高遠藩に通達があり、皇女和宮《かずのみや》★の下向にあたって中山道本山宿より和田宿間の警備を命ぜられ、その心得として旅宿前後に屯所をおいて昼夜勤番し、家臣は身体強壮の者を選び、小者に至るまで人手を集め、旅宿前後三日ほどの場所は旅人の往来を禁止し、道筋の宿村や枝道・間道に至るまで詰め切りにすることを申し渡された。

この命に応じて高遠藩は藩主頼直の名代浅井清左衛門・番頭栗栖《くるす》伝太夫以下約三〇〇人余りを勤仕させ、領内新山村の用材で日出村と塩尻峠方面の東堀村に屯所を設けた。木曾中宿駅よりの助郷要求に

皇女和宮降嫁女行列図

▼久世広周
関宿藩主。安藤信正と共に公武合体政策を推進した。ロシアの対馬占領事件の処理にあたった。坂下門外の変後罷免。

▼和宮
仁孝天皇の内親王で、孝明天皇の妹。家茂の死後、静寛院宮と称し、のち徳川家への寛大な措置を朝廷に依願している。

よって百石に人足六人、馬二疋（牝馬の場合は二倍）の負担となり、上松宿から本山宿勤めとなった。

領内では藤沢郷の例を見ると、郷内の三カ宿★と城下に近い板町村は免除されたが、残り一一カ村千二百石余りで人足二二四人、馬四六疋という負担をしいられ、「助郷差出状」の百石六人、百石二疋とは大違いの重負担となっている。

和宮の通行にあたっての総人数は京都から一万人、江戸より一万五〇〇〇人、その他高遠・松本・上田など各藩の警固の数も多く、助郷人足は一万八二〇〇人、通し雲助★四〇〇〇人、遠国雇い七〇〇〇人、馬二〇〇〇疋、馬士二〇〇〇人におよび、この人数が狭い木曾路を行動する様は容易に想像される。

さらに江戸から出迎えの幕府役人の事前通行もあり、このための人馬提供も必要となって、十月二日と三日両日の加納久徴《ひさあきら》・仙石久利《ひさとし》の通行時には人足一八七四人、馬二三七疋の負担となっている。和宮通行にあたって高遠領助郷村は実質四日間働き、往復八日をかけ、持参した蓙・莚をかぶって野宿し、持参した握り飯で十二月の寒空を木曾路で過ごしている。

助郷への支払いは幕府が宿駅を通して支払い、費用の不足分は村々に雑税として臨時に課税された。領内村々は助郷として実働し、さらに負担金を徴収されて百姓の負担はあまりにも重すぎた。その上通行人数に見合う用具の差し出しも行

▼郷内の三カ宿
御堂垣外宿、栗田宿、四日市場宿の三宿のこと。

▼雲助
宿駅、渡場、街道の駕籠かき屋。

われた。助郷を負担した村々は自村の状況を説明して免除願いを出したが、いずれも拒否され、苦心して御用を果たしたにもかかわらず支払いの段になると、未払いや不足があって領内村々と中三宿間に賃銭未払い出入りが起きている。

木曾宿より支払われる人足扶持米・日当・馬代・薪代・馬糧代は一括支給のため明細がわからず分配できず、詳細を求めても幕府からの支出書上帳や日〆帳《ひじめちょう》★の閲覧は拒否され、反対に通行の木曾宿問屋諸雑費名義で各村に割当金を要求されている。激しい交渉も効果なく、文久二年閏八月に高遠領のほぼ全域の村々が江戸幕府道中奉行に訴願して、不正出入りに発展している。西町村・諏訪形村・中越村の三人が惣代となって、人馬割当ての不正、宿駅における計画変更、それらに耐えて和宮通行に尽くした伊那谷村々の心情を率直に、かつ詳細に訴えている。

▼日〆帳
宿駅で毎日使用された人馬を明細に記録した帳面。

生麦事件と高遠藩

文久二年(一八六二)五月、朝廷の勅使大原重徳《しげとみ》★と薩摩藩の島津久光は江戸に下って幕府に改革を担当させ、自身の役目を終了したとして島津久光は帰国のため、八月江戸を出立して武蔵国生麦村まで来た時に、川崎大師に参詣途中のイギリス人四人と遭遇し、藩士の要求でイギリス人が馬首をめぐらせようとしたところ、

生麦事件賠償金支払い

▼大原重徳
幕末の公家。日米通商条約の勅許に反対し、安政の大獄に連座して処分を受ける。文久二年(一八六二)、島津久光と幕府の改革を進めた。

馬首が思わず行列の前に出たため、久光の家臣は無礼者としてイギリス人を襲った。イギリスは幕府と薩摩に外交交渉で解決を求めた。

幕府は万一に備えて数藩に出兵の命を申し渡した。高遠藩もこの命をうけて、亀井五郎兵衛の一隊と、内藤与兵衛指揮下の一隊の二隊を出動のために準備したが、実際の出兵には至らなかった。

天狗党騒動

常陸筑波山に立てこもった水戸の武田《たけだ》耕雲斎《こううんさい》★、藤田《ふじた》小四《こし》郎《ろう》★を中心とする天狗党は元治《げんじ》元年（一八六四）上洛して朝廷や京都に滞在していた将軍徳川家茂に訴えて攘夷運動の実行を実現せんとした。

浪士追討の命をうけた中山道沿いの諸大名は幕命どおり阻止して敗れたり、穏便に通過させたりしている。天狗党は信濃に入ると、小諸藩と岩村田藩は戦わずに通過させ、

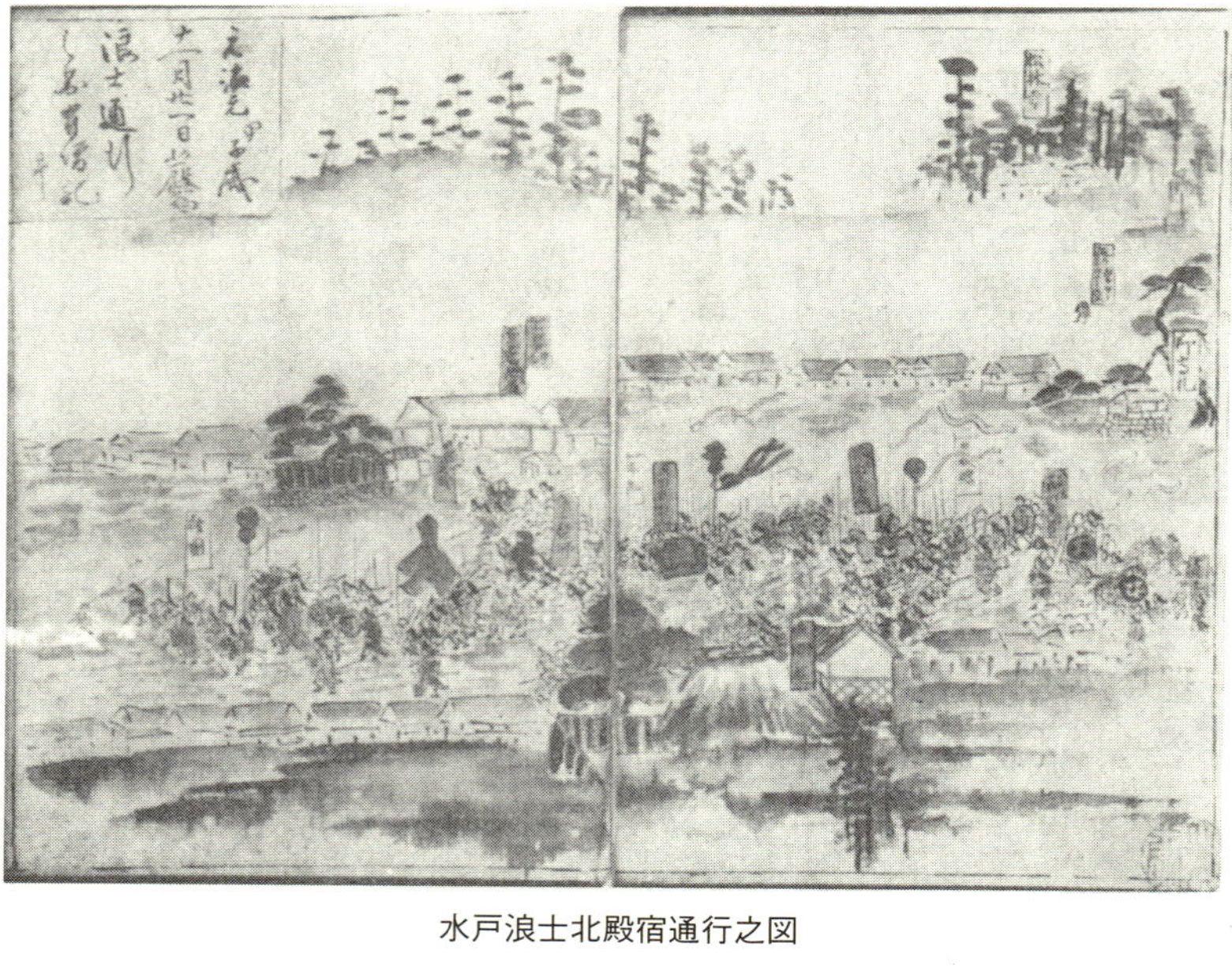

水戸浪士北殿宿通行之図

諏訪藩と松本藩は一戦して敗れている。のち天狗党は中山道の通行を避けて伊那街道に入りこんだ。

長州征討で藩主頼直は将軍に供奉して大坂に滞在しており、精兵も多く留守であったため、地元高遠の勢力ははなはだ手薄であった。藩論は幕命を遵守して交戦に決定し、藩士を四隊に分け、特に野木要人《のぎようにん》★の一隊は伊那の入口である平出村に在陣した。民衆の騒ぎは大きく、兵火を恐れて続々避難した。松本藩の敗戦を知った野木要人はいたずらに士を失い、領民に被害を与えるのは得策ではないとして撤退した。この時俗謡として

親骨の肝賢要《かんじんかなめ》が逃げ出して

あとの小骨がバアラバラ

と唱われたが、野木を臆病扱いにする少数者によってなされたものであろう。和田峠を通過した天狗党は平出・松嶋・伊那部・宮田宿を経て天領の上穂・赤須に分宿した。この伊那谷通行で、箕輪領沢村から飯田城下までの街道沿いの村々では六六五六両の献金を行い、人足も諏訪形村など七カ村で三〇九人、馬七五疋、馬士七五人を負担し、天狗党追討軍の通過にも人足一〇〇〇人、馬五五疋を負担している。

飯田藩は戦わずに間道を通過させた責任を問われ、清内路関所守二人が切腹、

▼武田耕雲斎
水戸藩士。天狗党の乱で取締り不行届きで罷免されるも、元治元年、天狗党を再編して首領となる。

▼藤田小四郎
天狗党の指導者。元治元年筑波山で挙兵する。

▼野木要人
嘉永六年(一八五三)郡代兼産物方取締役となる。天狗党通行時には上伊那郷平出村に布陣したが、藩論に従い引き上げた。

藩重臣の知行半減、藩領二千石の減封、関所管理の権限は高遠藩に移された。高遠藩は大砲一発の発射が交戦とみなされて面目を保ち、士卒や領民の安泰を保った。慶応二年(一八六六)野木要人と次男野木捨三郎は藩より恩恵をうけている。

長州征討と高遠藩

文久三年(一八六三)五月十日、幕府の攘夷決行の命をうけた長州藩は下関海峡を通行した米・仏・蘭三カ国の船舶に発砲して同海峡を封鎖した。その後幕府は八月十八日の政変・池田屋事件・蛤《はまぐり》御門《ごもん》の変（禁門の変）など、一連の長州藩の行動の責任を追及して、長州問罪の行動を起こした。

高遠藩も参加を命ぜられ供奉することとなった。藩は将軍家茂護衛のメンバーに選ばれ、将軍の駕籠前左右の警備を担当している。高遠からは家老の河野浅右衛門以下二五〇人余りと、領内よりの人選者三〇〇人余りの人足が徴発された。そして、藩は元治元年(一八六四)八月長州征討にあたって領内に緊急に軍需物資について指令を出している。

(1)　米穀類の他所出しを禁ずる（津留政策）。
(2)　一郷につき梅干し三斗を買い上げ、惣代村がまとめて上納する。

(3) 御用金の繰り上げ納入と、翌年より三期分を当年中に上納する。
(4) 叺《かます》★を一郷より一〇〇枚ずつ買い上げる。
(5) 中馬《ちゅうま》業者★に小荷駄役《こにだやく》★を申し付ける。
(6) 村々で投網や鉛の他所売りを禁ずる。
(7) 大豆は村内の保有量を馬の飼料として囲い置くこと。
(8) 年貢米は白米にして大蔵に上納する。間に合わない場合は玄米とする。
(9) 人足は身体丈夫な者を人選する。

長州征討にあたって御用金上納は避けられないところであるが、春近郷宮田村では七四一両余りを五年賦で上納することになっていたが、三期分を当年中に納入することは長州征討にあたって財源の必要度が差し迫っていたことを意味する。

第一次長州征討後、長州藩内では高杉晋作《たかすぎしんさく》をはじめ攘夷派が勢力を挽回し、藩主毛利敬親《たかちか》も武装・防衛を命じたため、幕府は慶応元年に再征を決定し、翌二年に高遠藩以下五藩に再度将軍の左右備えを命じた。この時老中格であった諏訪高島藩の諏訪忠誠《ただまさ》は名目のない出兵として強く反対して辞職した。

高遠藩は江戸小川町の上屋敷に藩士を集合させて家茂に従い東海道を上洛し、家老河野浅右衛門以下の藩士・人足は高遠から中山道を経て上洛し、幕命で大坂

▼叺
主として穀物、塩などを入れるのに用いたわら、むしろの袋。

▼中馬業者
農閑期に荷物輸送を行った農民。

▼小荷駄役
兵糧や武器などを戦場に運ぶ役目で、馬に荷物をのせた。

市内の治安にあたった。藩士を三隊に分け、はじめ天満辺を警備し、ついで道頓堀から難波村辺に変更となる。この間市中で無頼の徒による治安の乱れに藩士が出動し、約八〇人を捕らえて大坂町奉行に引き渡している。

また、領内人足の徴用も莫大な数にのぼり、春近郷では多大な郷歩人足《ごうふにんそく》★を仰せ付けられて、慶応元年(一八六五)閏五月より翌二年二月までの大坂人足は六四八九人、同三月より六月までは一九八九九人、元治元年(一八六四)の江戸人足は五八一三人で、合計で実に一万四二八〇人（延べ人数）となったから、郷内は過分の人足を負担しているので、領分の割合を平均化してほしいと藩に要求している。

このため、藩は長州征討にあたって人足を出した家族に対して、(1) 人足として出た者が荷物、その他の御用の品々を捨てたり、逃亡した場合は当人は勿論、家族も厳罰とし、家財道具を取り上げる、(2) 人足を出した家族で田畑の耕作がなりがたい場合は、親族・組合は勿論、村役人も手厚く世話をすること、(3) 万一戦死した場合は家族が安心して生活できるように、手厚く手当をするので心残りなく御用を勤めるようにと触れ出している。

▼**郷歩人足**
領内の郷ごとに出す御用人足。

2

維新と藩の終焉

佐幕派か勤王派かの狭間の中で活動する家臣の苦労で救われる藩。
越後・会津戦争に従軍し、苦戦するも会津を落とし、明治の元老として活動した若き日の西園寺公望を救う。
廃藩以後の領民の経済的温情に支えられた旧藩主。

偽勅使高松実村

慶応四年(一八六八)朝廷は有《あり》栖《す》川宮《がわのみや》熾仁《たるひと》親王《しんのう》★を大総督とし、東海・東山・北陸三道から幕府追討軍を発したが、なかには征討軍の先鋒を期する隊もあり、本軍に先がけて沿道の諸藩に帰順をすすめた。

高松《たかまつ》実村《さねむら》は少壮公卿の一人で、国事に奔走した実績はなかったが、東征軍に先立って隊士を集め「官軍鎮撫隊《ちんぶたい》」の幟《のぼり》を立てて伊那から甲斐に至った。実村は朝命を得られず無断で正月十八日に東下した。同二十三日信濃諸藩に書状を送り付け、これに衝撃をうけた諸藩は続々降服した。鎮撫隊は二月四日に春近郷宮田宿に宿泊し、五日には高遠城下に達した。

高遠藩は鎮撫隊の宣撫《せんぶ》工作★によって宮田宿まで藩の重臣、郡代に麻裃で出迎え

▼有栖川宮熾仁親王
旧宮家。寛永二年(一六二五)、後陽成天皇の皇子好仁親王が高松宮と称したが、寛文七年(一六六七)に後西天皇の皇子幸仁親王が高松宮を継ぎ、同十二年に有栖川宮と改称。熾仁親王は九代目。

▼宣撫工作
占領地域の住民に隊の本意を伝えて人心を安定させること。

させたが、さんざんに叱責され、恐懼して無言で退き、のち岡村菊叟を出頭させてようやく異心なきを言上して事なきを得たといわれる。同時に「勤王の事は平生厚く、挙藩一同の儀であり、尽忠報国仕りたき」として誓書を出している。本陣であった宮田村白心寺には宿札を掲げ、打ち水をし盛砂をして台提灯を出して不寝番をつけ、警備として高遠藩士三五人、諏訪藩士二〇人が立ち会った。翌日昼食をとる伊那部宿では藩の采配を得るなどおおわらわの対応となり、村々よりの人足も川下郷村々から三〇〇～五〇〇人を動員した。

高松隊の本隊は城下から藤沢街道を経て甲府に向かった。小山郡太夫など三人が甲府まで供奉している。ところが二月十日になって東山道総督府から通達があり、

高松殿、東国へ御下向の趣、決して勅命を以って差し向けには相成り候にはこれなく、全く無勅の奸賊、幼稚の公達《きんだち》を欺き奪い奉り……、右無頼の者共、当総督府の先鋒などと偽り、この旨を篤と心得、欺かれ申さざるように仕るべし

と伝えられ、鎮撫隊の行動は抑えられた。実村は京都に帰り、謹慎処分となり、隊の幹部は勅命を偽った罪で斬罪となった。

偽官軍赤報隊

相楽総三《さがらそうぞう》は下総国北相馬郡の郷士の子で早くから志を持ち、多くの志士と交遊して倒幕計画に加わった。薩摩の西郷隆盛と結び、三田の薩摩屋敷を根城に同志を広く集め、その数は五〇〇人に達したといわれる。

慶応四年(一八六八)鳥羽伏見の戦いが始まったのちに種々献策したが用いられず、赤報隊を編成して東山道東征軍に先立って各地の諸藩に勤王をすすめ、官軍の東征にあたって賊徒が官軍と偽り乱暴者がある時は訴え出ること、朝廷は百姓・町人の難渋を思いやって、当年の年貢は半減するとのことであるから、御所の仁徳に服して勤王に励み、家業に精出すようにと文書で通達した。

当初赤報隊は公卿二人を擁して隊士を募集して東山道を進んだが、同隊が無頼の徒の集まりで乱暴狼藉が絶えなかったことから、公卿たちは愛想が尽きて京都に戻った。他の赤報隊は伊勢方面で弾圧をうけて解散させられたため相楽は嚮《きょう》導《どう》隊と改称し、規律引き締めのため軍令十九カ条を出したが不充分で、その後も乱暴や金穀の強奪が続いた。幹部の一人信濃佐久郡出身の桜井常五郎は小諸藩から五〇〇両、米二〇〇俵を献上させ、碓氷峠を押さえて往来の人びとを悩まし、沓掛・軽井沢で日夜豪遊したという。

この行動は沿道の諸藩や民衆から不評をかい、東征に支障をきたすと判断した東山道東征軍は相楽に呼び出しをかけ、天朝の失態にならぬように釘をさした。また、東山道沿道諸藩の触頭松代藩には「官軍の名をかたる無頼の徒であるため取り抑える」ことを布告した。この報に接した信濃諸藩は協力から一転して赤報隊を攻めたてた。

三月一日下諏訪に至った東征軍は相楽隊《さがらたい》の幹部を捕らえ、充分な吟味をせずに「勅命を偽り、強盗無頼の徒を集め、総督府を欺き奉り、種々悪事を相働き、その罪数えるに遑《いとま》あらず」として、打ち首、さらしとしている。

天朝帰順始末

長州征討以後、藩主頼直は小川町の上屋敷にいたが、慶応四年東征軍の京都発向があっても、高遠藩は佐幕・勤王の決断がつかず無為の日々を送った。東山道総督府より甲州口兵食賄役を命ぜられた高遠藩は、諏訪藩と共に急遽御用を果たすため、藩士を甲府方面に送った。表面上は勤王派であったが、藩主頼直の意志が固まらず、甲府にいた中村中蔵（元起）や青山佐内らは老臣と相談して密かに江戸入りし、在所からも葛上源吾らが江戸に急行して頼直を説得し、勤王の大義名分を説いて勤王派への参加を要請したため、頼直もようやく勤王派に与《くみ》することとなった。

二月四日江戸を発し上京を急いだが、洗馬郷まで到着した際、総督府から勤王の志あるにより甲州口の兵食賄御用を命じた、今後職務を全うするならば頼直の不審の筋は免除したい、それまでは在所に謹慎し、入京は遠慮せよ、とされた。三月下旬総督府は藩の重臣を出頭させ、「若狭守（藩主頼直）に不審の筋ありて謹慎を命じたが、甲州口兵食賄いの藩士よく尽力し、勤王の実がありし故に、藩主の謹慎を免除する」との通達があって、高遠藩は正式に勤王派の一員となった。

新政府は各藩に「貢士《こうし》」一人を京都に集合させることを命じ、高遠藩からは星野部が任命され、他数人が同行した。明治二年二月藩校進徳館の師範役中村中蔵は京都の星野部に書簡を送り、「隣藩は御一新の御趣意遵奉の実効顕われ、高島藩などは後の鴉先に成るの諺どおりになっている」と述べ、「それに比較すれば高遠は何分にも夢醒め申さず、困り果て申す」と伝え、「万々御尽力下さるよう、国家のため万祈る」と書き記している。

これに対して星野は藩に対して長文の「建議書」を提出した。要約すると、朝政一新国体の盛意を奉体し、各藩競って領政を改革し、勤王の実践を顕わし

▼大義名分
人として守るべき節義と分限。

▼後の鴉先に成る
油断すればあとから来る者に追い越されること。後の雁が先に成る、のこと。

ているが、お家においてはいまだ一事の変更もなく、朝命遵奉の政績も立たざるようである。昨年の夏京都では高遠藩は奥州諸藩と同類だという訛言《かげん》★があり、行政官から沙汰をうけ、一同驚愕《きょうがく》し、切歯扼腕《せっしやくわん》して弁解した。結局誤解と判明した。これは藩が勤王の実効を果たしていないためである。最近では伊那県の巷説《こうせつ》★にも信濃国に三奸藩あり、高遠藩はその一藩といわれている。これを聞いて毛髪悚《おのの》いて痛憤《つうふん》に堪えがたい。これも一時の妄言★でいわれなき次第であるが、一犬虚を吠ゆれば万犬実を伝うるの★習いである。このことが隣藩に聞こえては国辱この上ない。藩の急務は家中の上下が協力同心し、契約の趣旨に基づいて家政向きを改正し、旧来の陋習《ろうしゅう》★を捨て、上は朝廷の偉業を遵奉し、下は列藩の凌侮《りょうぶ》を受けないよう処置ありたきを渇望する。

との内容であった。しかし、こうした噂が生ずるのもあながち否定できない面もあった。藩の内命をうけた藩士の一部が会津藩に加わり会津戦争に参加したり、江戸上野の彰義《しょうぎ》隊に走ったこと、越後村上藩と姻籍関係にあって村上藩が会津に与したことなどから高遠藩も佐幕派とみなされたのである。中村中蔵に奇しくも、「何分にも夢醒め申さず困り果てた」といわしめたのは事実であり、藩論がいまだ一つになっていないことを示すものであった。

▼訛言
誤った風評。

▼巷説
ちまたの風評。

▼妄言
でまかせにいう言葉。

▼一犬虚を吠ゆれば万犬実を伝うる
一人が虚言をいえば、多くの人びとがそれを真実として伝えるものの意。

▼旧来の陋習
古い考え方。

謹慎を免除された藩主頼直は上洛して天皇に拝謁し、御所周辺の治安にあたるなど朝廷への忠誠を示して、ようやく勤王の志を果たして面目を保った。

越後・会津戦争

慶応四年(一八六八)四月十九日松代藩より急報で幕府軍約一五〇〇人余りが越後出雲崎から信州方面に横行しているとの報告があり、さらに松本藩より越後口出兵の談合を信州牟礼宿《むれじゅく》★で開きたいとの連絡があって、高遠藩も二小隊を出陣させた。ところが松代藩はすでに高田藩領荒井宿に達していたので、信濃一一藩にも荒井宿へ進撃するよう伝えられ、会議の末越後に進撃することが評決された。

そして、五月中旬までに長岡城を陥落させ、高遠藩は関原村まで進軍の達しがあって、直ちに与板城下に進軍する旨を伝えられた。関原村では指揮官西園寺公望からの二通の達書《たっしょ》★が同村会議所から通達された。一通は自身が越後方面の賊徒掃討の総指揮官に任命されたことを越後口出陣の各藩に布達したもので、他の一通は各藩が力を尽くして進軍していることを天朝★は耳にされ、神妙の至りと思し召されているので、いよいよ精忠に抽んずべきの沙汰を得ているという内容のものであった。

▼牟礼宿
北国街道の一宿駅。

▼達書
通達の書。

▼天朝
天皇。

越後出兵帰藩の図

その後、高遠藩兵は越後から会津にかけて各地で激戦をし、その間の様子は小隊長より在所高遠に報告され、それが在所から京都に滞在していた藩主頼直に伝えられ、頼直はその大要をまとめて十月十三日付で朝廷に報告している。左のとおりであった。

弊藩★一小隊は奥州唯見村より大橋村へ進軍のところ、此の所一手にてほかに援

▼弊藩
自分の藩の謙称。

助の藩もこれなく、川向かい山村口に飯山の一小隊相守り居り、甚だ以て手薄につき、両手より応援の兵繰り込みの儀会議所へ申し達し候へども、応援進撃これなく大橋厳重に相固め候のようにとの達しにつき、銃塁築き立て、日々大斥候遠近の村まで差出し、賊情相探り罷り在り候のところ、去月二十三日朝に至り青柳村より賊兵間近く襲来につき、分配致し置き候の五ケ所より頻りに砲撃に及び候のところ、賊狼総崩れ立ち候につき、終に屯所まで奪い取り申し候、其の節旗一本、兵士安田兎亀治と申す者を分捕り、悉く元の台場へ引揚げ罷り在るところ、賊軍左右の山上へ登り候を厳しく砲発し、互いに戦争し、今朝卯の刻より未の刻過ぎごろまで尽力砲戦に及び候、飯山の手も川向かいにて同様のところ、同手引き色に相成り候ては当兵も持ち堪へがたく候の間、守戦致しくれ候のよう申し遣わし、其の内飯山の手へは加州・富山の二小隊繰り込み候の間、当手においても兵力相加わり烈しく砲発に及び申し候、此の時追々敵間近に相成り候につき、同村入口へ薪を以て銃塁を築立て、それまで引揚げ候のところ、加州の手持口入小屋の一手戦い難く、ついては飯山并弊藩の後口を取り切られ候の趣急報につき、同所引き揚げ候のところ、もはや賊軍川向かい間近き場所へ繰り出し、横手より打ち立てられ、衆寡敵しがたく唯見村まで引き揚げ、塁壁築立て防戦に及び候へども、山間にて地理宜しからず叶津まで引き揚げ候のところ、高島藩一小隊出張につき手配致し、飯山并弊藩山の手へ登り防戦に及び候のところ、高島の手甚だ苦戦に至り候の段呼び立て候につき、山上より駆け下り賊軍と挑み合い候のところ、西谷村へ上田の一小隊援兵として出張す、此の所にて協力防戦に及び食い留め申し候、猶榎木村要路につき当手出張し相守り申し候

弊藩内藤与兵衛・鏑木藤太夫分隊は、前書大橋村よりよほど相隔り候の野尻村へ向かい、去月十三日繰り出し、同夜布沢村に宿陣す、其の先嶮岨を越え行き、大小の川数多くこれ有り、漸く夕刻野尻に着陣す、藤太夫の分隊は明丸と申す場所へ進軍につき、尚また嶮岨を越へ、喰丸《くいまる》にて合併し、此の場所も甚だ緊要の道路故、台場取り立て昼夜守衛罷り在り候、同十八日野尻会議所参謀衆より急報、谷ケ地と申す所へ進撃候のよう申し来る、翌十九日同所に進み申し候、此の地は賊徒大内峠へ落ち行き候の要路故、向後厳重に守衛候のよう達しにつき、塁壁を築き警衛罷り在り、翌二十日には若松より二里ほど右の高田と申す所へ斥候の隊差し出し候のところ、高田の人家焼亡し、若松の城下市中残らず焼き払い、口々より繰り込み候の官軍にて取り巻き攻城中の由、同廿一日水戸藩繰り込み候の間、弊藩は交代し赤留と申す所に進軍致し候のよう達しにつき罷り越し候のところ、会城★へ進撃候のよう、猶また会議所において指揮これ有り、

▼会城　会津若松城。

それより橋爪と申す場所へ進軍、此の上の進退御指図を待ち候の段御届けに及び候、然るところ、同廿二日肥後父子★降参、寺院★へ籠居す。則ち開城し総軍城中へ繰り込み候につき、其の儘守衛を相勤め候のよう御達しこれ有り候

貢士制度

明治元年新政府は上下の議事所を設置し、下の議事所は地方出身の徴士《ちょうし》・貢《こう》士《し》★が国政を討議する場所であった。そして、公議世論の趣旨を徹底させるために制度化され、高遠藩は星野蔀が選ばれ、京都に参集した。

参集した貢士は全国で二三〇人となり、信濃各藩はすべて一人の選出であった。上洛した星野は藩を代表して新政府と連絡にあたっていた留守居役の三沢喜右衛門の紹介で下立売の鍵屋権兵衛宅に下宿して、弁事役所に出頭した。閏四月五日に第一回の会合が京都円山で開かれ、会頭は中津藩の奥平靭負《ゆきえ》であった。会合は毎月五の日の三日間定期開催され、「列藩貢士会盟」にある如く、「苟《いやし》クモ所見アリテ政化ニ裨《と》フベキコトアラバ、則チ隠諱《いんき》セズ、遅緩セズ、各自太政官府ニ詣リ建言スベシ、是レ今日会盟之第一要義ナリ」として、言論行動の自由を認めた。会合の日は時局問題を討議し、その意見を政府に上申し、政府からも国家の重要

▼肥後父子
会津藩主の松平容保と息子容大。

▼寺院
会津城下にあった隆泰寺。

▼徴士
新政府に登用されて官についた藩士や庶民。

▼貢士
明治初期の諸藩推挙の議事官で、慶応四年(一八六八)四月に新設。大藩三人、中藩二人、小藩一人の割合で選ばれた。

問題を各貢士に諮問して答申を求めた。

当時の諮問例をみると、徳川慶喜《よしのぶ》の処分、軍事、経済、幕府の軍勢、租税、駅逓《えきてい》★、通商・条約などの問題が取り上げられたが、星野蔀の答申の例として徳川家に関しては、徳川家の相続は二百年以上にわたって治国の功績があるため、正当な血縁ある人物に相続させるべきで、徳川家の秩禄《ちつろく》★は多くの臣下微賤まで生計の道がたてられるようにすべきであるとしている。

貢士は単に政府への答申だけでなく、国家の政策に異議ある場合は同志を糾合して政府に建言することもあった。明治元年七月奥州・北越征討軍の問題についても、星野は信濃や他藩の貢士四五人と連合し、兵禍の惨状と士民の苦衷とを訴えて征討の中止を建言している。

廃藩置県と藩制の改正

明治二年(一八六九)薩長土肥四藩の名で版籍奉還が実施され、頼直も四月二日に奉還の願書を提出し、六月二十日に許可されて頼直は藩知事（知藩事）に任命された。

八月高遠に帰国した頼直は藩内の改正を行った。職制をみると家老を鎮城主《ちんじょうしゅ》

▼駅逓
郵便の旧称。

▼秩禄
政府が支給した家禄と賞典のことで、家禄は華族や士族の家格についていた禄。賞典は家禄以外に賞与として賜わった禄。

宰《さい》、年寄を執政、大目付を大監察とするなどであり、自身は華族の身分となって旧知行の十分の一の禄を支給された。十月には家中藩士を城中に集めて当今の状勢を述べ、自身も藩知事として奉職するのでと藩士に協力を依頼し、十一月には諸官吏の人員と給料を定め、十二月には開産局を民生局に合併し、給人・無足を士族に、小者・足軽を卒族★にした。

明治四年二月頼直は東京に召喚され、同年七月十四日に廃藩置県の断行により、藩知事を退職している。永年続いた高遠藩は廃止されて高遠県となった。七月二十一日大参事の浅井清は士卒を城中に集め、頼直の免職を伝えた。これを機に士卒一同は「頼直君藩知事免セラレ候ノ旨、一同敬承シ深ク恐レ入リ奉リ候、祖先以来数百年恩恵沢ヲ蒙リ有リ難キ仕合ニ存ジ、猶此ノ上ノ永キ御厚恩ヲ蒙リ奉リタク」と上申した。

これを聞いた頼直は家令★を高遠に派遣して「是レ迄ハ協力誠実ニ致シクレ一段ニ存スル、此ノ後職務ニハ関係ナクモ、年来ノ厚誼《こうぎ》モコレ有リ、永ク懇意ニ致シクレ申ス」と伝えたので、士卒一同は旧藩主の恩沢を謝して、さらに「御家令ヲ以テ仰セヲ蒙リ、何レモ有リ難ク感佩《かんい》奉リ、御時世トハ申シ乍ラ、御免職ノ儀深ク恐レ入リ奉リ、猶此ノ上永年御見捨テ無ク御懇命ヲ蒙リタク」と答辞した。

永年にわたる主従関係は表立ってはなくなったが、人情の上では簡単に主従の

▼卒族
明治初期の身分の一つで藩により卒の範囲はまちまちであった。明治五年に世襲の卒は士族に、一代限りは平民となる。

▼家令
大名の家務、会計を処理し、使用人の監督をした人物。

縁が切れたわけではなく、見捨てることなく永く懇情を持ち続けられたく思うのが、士卒たちの偽らざる気持ちであったようである。

七月二十八日頼直は士卒一同に申し渡しを行い、職制の変更と給禄・年給の改正を伝えている。士卒一同のあとあとのことを考慮して「衆議ヲ以テ職制・等級・給禄ヲ朝廷ニ相伺イ、未ダ御指令コレ無ク、先々確定ハ計リ難ク候ヘドモ、追々長々ニモ相成ル」によって自身一存で決定した。朝廷より指令があればそれに従うべきことを通達しており、頼直の旧藩士に対する面倒見のよさを示す一面である。

旧藩主への経済的支援

明治三年(一八七〇)新たに藩制を制定して、藩高の一割を従来どおり藩知事の扶持と定め、同時に一割を陸海軍費用にあて、残額八割を藩財政と士卒の扶持にあてた。

このような状況のなかで高遠領民は従来の藩主対領民の関係から、旧藩主の生活困難を考慮したのであろう。頼直のために経済的支援をすることを頼直の家扶(家令の次席)矢沢覚弥に対して申し入れている。その多くは明治五年であった。

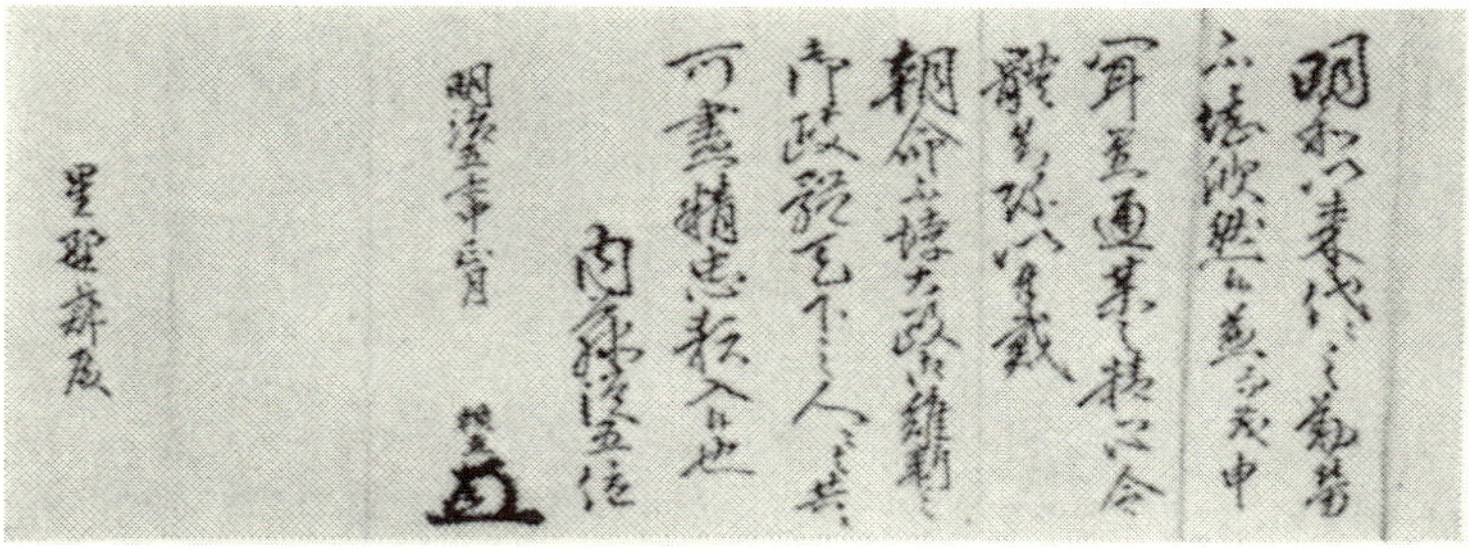

内藤頼直藩士に出した最後の書状

(1) 川下郷野底村の村役人が金一分三朱と米四石を十年間献上する。

(2) 川下郷原新田村の村役人が村内の畑地一反五畝歩を献田し、収穫される米四斗五升を差し出す。

(3) 川下郷下川手村と笠原村の百姓四人が積年の重恩を感謝して、永代に農作業ができた御礼として、米七斗を年々献上する。

(4) 中沢郷貝沼村の百姓埋橋粂江は、畑地四畝二四歩からの収穫米二俵を子々孫々に至るまで献上する。

(5) 城下本町に居住の商人黒河内姓の二人が所持の水田二枚よりの収穫米を五年間二俵を、六年目からは三俵ずつを永世に上納する。

(6) 旧百姓の北原正三郎と代田《しろた》宇三郎は、新政府によって四期に分割されて手渡される頼直への米を預かり、月々二〇〇両ずつ上納する。

右の事例は一部と考えられるが、経済面においては従来どおりの関係が継続していることを示している。旧藩主頼直にとっては、領民よりの献上金穀で当分は一定の生活水準を保つ量が維持されたものと考えられる。

あとがき

最近の歴史ブームにのって江戸時代の歴史が種々の分野で取り上げられている。高遠藩は江戸時代のみでも多くの問題や事項が取り上げられる藩であるが、紙数の関係上多くの部分を割愛した。

最近、地元では若者が都会に出て、地元の歴史を発掘しようとする機会が失われつつあり、また世界や国内が目まぐるしく変化する中で歴史を知ることは困難になりつつあるし、多くの古文書類が見捨てられつつある。今、高遠の歴史を残すことを考慮しなければ、永遠に高遠は過去の歴史の中に埋没しかねないのが現状である。

平成十八年四月には高遠町は伊那市・長谷村と合併することが決定し、正式市名は新生の意味を含めて「伊那市」となり、高遠は伊那市域に埋没することになっている。こうした過程で高遠藩の歴史を知ることは単に過去のことではなく、過去を踏まえて新たな歴史像を作り上げる必要があるだろう。

現在、旧藩主の子孫の方は第十七代目を数え、今の当主は内藤頼誼《よりよし》公と称しておられる。この頼誼公や衆議院議員の伊藤公助氏など数人と共に、昨今私を含めて「高遠町ふるさと大使」を仰せ付けられて、高遠町の宣伝や郷土発展の手伝いを願いたいという高遠町長伊東義人氏の依頼で活動しているところである。

高遠町の公的な行事や高遠東京人会などの会の開催に招待され、頼誼公と久しく膝を交え、多くの話題に花を咲かせている。また、筆者の著述なども差し上げ、「これらの書物に記される歴史的事実はすべて史料や記録に残されている材料で書いたものです」と申し上げると、頼誼公は「どのようなことでも事実のとおりに書いて下さって結構です」と温かい言葉をかけて下さり、歴史を研究する浅学非才な筆者にとっては、大変有りがたい励ましとなっている今日このごろである。

現代書館の社長菊地泰博氏が声をかけて下さり、有りがたく思っている次第である。この『高遠藩』の構想はすでに頭の中にあって、地元の出版社からの発刊を考慮していたのであるが、菊地氏からの呼びかけに応じて直ちに現代書館のために書かせていただいた次第である。

現在、この他に高遠藩の詳細な歴史年表、高遠藩の藩法を含めた「御触書」をまとめることを考えており、一応材料は揃っているし、財政関係の史料もかなり発掘している。これらも可能ならば出版したい考えである。

平成十七年十一月

長谷川正次

参考文献

辰野町誌編纂専門委員会編『辰野町誌 歴史編』（辰野町誌刊行委員会、平成二年）
上伊那誌編纂会編『長野県 上伊那誌 第二巻 歴史篇』（上伊那誌刊行会、昭和四十年）
長谷村誌刊行委員会編集・発行『長谷村誌 第三巻 歴史編 上・下』（平成九年）
伊那市史編纂委員会編『伊那市史 歴史編』（伊那市史刊行会、昭和五十九年）
高遠町誌編纂委員会編『高遠町誌 上巻 歴史編 一・二』（高遠町誌刊行会、昭和五十八年）
長谷川正次著『高遠藩の基礎的研究』（国書刊行会、昭和六十年）
同『大名の財政』（同成社、平成十三年）
同『高遠藩財政史の研究』（岩田書院、平成十五年）
高遠町教育委員会編集・発行『高遠風土記』（笹本正治監修、平成十六年）
高遠観光協会『高遠案内』（高遠観光協会、平成十三年）

協力者

高遠町教育委員会
高遠町図書館
高遠町立歴史博物館
高遠町商工観光係
株式会社浅田飴
菅耕一郎

長谷川正次（はせがわ・まさつぐ）
東京都世田谷区生まれ。
戸板女子中学・戸板女子高等学校教諭を経て、国学院大学文学部講師。
著書に『高遠藩の基礎的研究』『高遠藩財政史の研究』『大名の財政』など。

シリーズ藩物語 **高遠藩**

二〇〇五年十一月二十五日 第一版第一刷発行

著者――長谷川正次
発行所――株式会社 現代書館
東京都千代田区飯田橋三―二―五 郵便番号102―0072
電話03―3221―1321 FAX03―3262―5906 振替00120―3―83725
発行者――菊地泰博
組版――エディマン
装丁――中山銀士＋杉山健慈
印刷――平河工業社（本文）東光印刷所（カバー、表紙、見返し、帯）
製本――越後堂製本
編集協力――原島康晴
校正協力――岩田純子

 ISBN4-7684-7103-X

江戸末期の各藩

松前、八戸、七戸、黒石、弘前、南部、一関、秋田、亀田、本荘、秋田新田、仙台、松山、新庄、庄内、天童、長瀞、山形、上山、米沢、米沢新田、相馬、福島、二本松、三春、会津、守山、棚倉、平、湯長谷、泉、村上、黒川、三日市、新発田、村松、三根山、与板、長岡、椎谷、高田、糸魚川、松岡、笠間、宍戸、水戸、下館、結城、古河、下妻、府中、土浦、麻生、谷田部、牛久、大田原、黒羽、烏山、高徳、喜連川、宇都宮、壬生、吹上、足利、佐野、関宿、高岡、佐倉、小見川、多古、一宮、生実、鶴牧、久留里、大多喜、請西、飯野、佐貫、勝山、館山、岩槻、忍、岡部、川越、沼田、前橋、伊勢崎、館林、高崎、吉井、小幡、安中、七日市、飯山、須坂、松代、上田、小諸、岩村田、田野口、松本、諏訪、高遠、飯田、金沢、荻野山中、小田原、沼津、小島、田中、掛川、相良、横須賀、浜松、富山、加賀、大聖寺、郡上、高富、苗木、岩村、加納、大垣、高須、今尾、犬山、挙母、岡崎、西大平、西尾、吉田、田原、大垣新田、尾張、刈谷、西端、長島、桑名、神戸、菰野、亀山、津、久居、鳥羽、宮川、彦根、大溝、山上、西大路、三上、膳所、水口、丸岡、勝山、大野、福井、鯖江、敦賀、小浜、淀、新宮、田辺、紀州、峯山、宮津、田辺、綾部、山家、園部、亀山、福知山、柳生、柳本、芝村、郡山、小泉、櫛羅、高取、高槻、麻田、丹南、狭山、岸和田、伯太、豊岡、出石、柏原、篠山、尼崎、三田、三草、明石、小野、姫路、林田、安志、龍野、山崎、三日月、赤穂、鳥取、若桜、鹿野、津山、勝山、新見、岡山、庭瀬、足守、岡田、岡山新田、浅尾、松山、鴨方、福山、広島、広島新田、高松、丸亀、多度津、西条、小松、今治、松山、新谷、大洲、吉田、宇和島、徳島、土佐、土佐新田、松江、広瀬、母里、浜田、津和野、岩国、徳山、長州、長府、清末、小倉、小倉新田、福岡、秋月、久留米、柳河、三池、蓮池、唐津、佐賀、小城、鹿島、大村、島原、平戸、平戸新田、中津、杵築、日出、府内、臼杵、佐伯、森、岡、熊本、熊本新田、宇土、人吉、延岡、高鍋、佐土原、飫肥、薩摩、対馬、五島

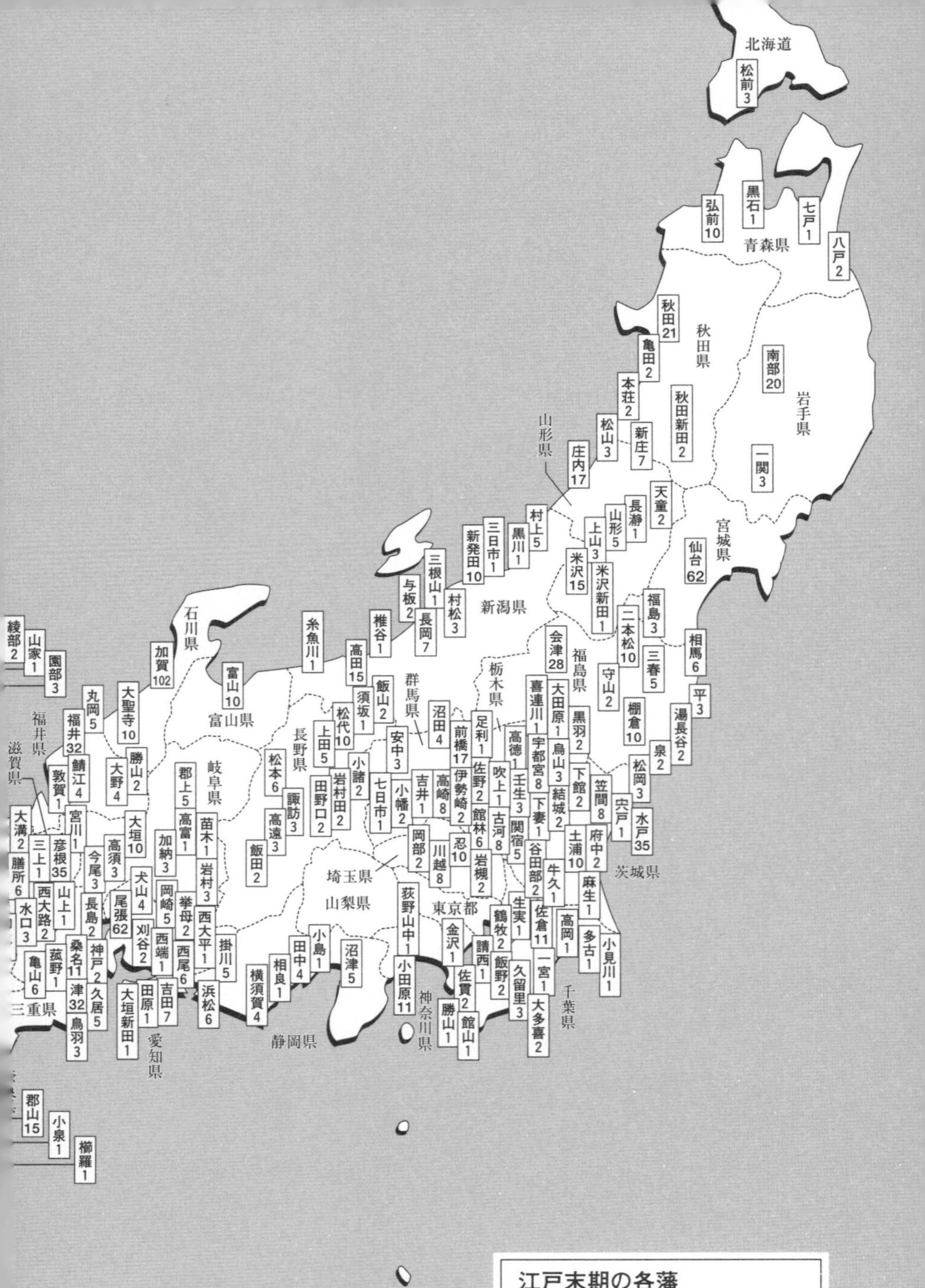

江戸末期の各藩
（数字は万石。万石以下は四捨五入）